Der Aufmacher

MANCHESTER NEW GERMAN TEXTS

Günter Wallraff as the reporter 'Hans Esser'

Günter Wallraff

Der Aufmacher
Der Mann, der bei Bild Hans Esser war

edited with introduction and notes by
John Sandford

Manchester University Press
Manchester and New York

distributed exclusively
in the USA and Canada by St. Martin's Press

German text of *Der Aufmacher* © Günter Wallraff 1977, 1982
All matter in English © John Sandford 1990

Published by Manchester University Press
Oxford Road, Manchester M13 9PL, UK
and Room 400, 175 Fifth Avenue,
New York, NY 10010, USA

Distributed exclusively in the USA and Canada
by St. Martin's Press, Inc.,
175 Fifth Avenue, New York, NY 10010, USA

British Library cataloguing in publication data
Wallraff, Günter *1942–*
  Der Aufmacher: Der Mann, der bei Bild Hans Esser war –
  (Manchester new German texts)
  1. Newspapers with West German imprints. Bild
  I. Title II. Sandford, John
  073

Library of Congress cataloging in publication data
Wallraff. Günter, 1942–
  Der Aufmacher: der Mann, der bei Bild Hans Esser war / Günter
  Wallraff: edited with introduction and notes by John Sandford.
    p. cm. – (Manchester new German texts)
  English and German.
  Includes bibliographical references.
  ISBN 0-7190-3450-7 (cloth). – ISBN 0-7190-2871-X (pbk.)
  1. Wallraff, Günter. 1942–   . 2. Bild-Zeitung. 3. Journal
  -Germany (West) – Biography. I. Sandford, John. 1944–
  II. Title. III. Series.
  PN5213.W3A3 1990
  070'.92 – dc20   90-38067

ISBN 0 7190 3450 7 *hardback*
    0 7190 2871 X *paperback*

Typeset by Williams Graphics, Llanddulas, N. Wales

Printed in Great Britain
by Bell & Bain Limited, Glasgow

Contents

Preface

The *Manchester new German texts* series has been devised in response to recent curricular reforms at school and undergraduate level. A major stimulus to the thinking of the editorial board has been the introduction of the new A Level syllabuses. The Manchester editions have accordingly been designed for use in both literature and topic-based work, with the editorial apparatus encouraging exploration of texts through the medium of German. In addition to the features normally included in an advanced Modern Languages series, the editions contain a new and distinctive section entirely in German called the *Arbeitsteil*. It is envisaged that the Manchester editorial approach, in conjunction with a careful choice of texts and material, will equip students to meet the new demands and challenges in German studies.

Acknowledgements

For help in the preparation of this edition I would like to thank in particular Stefan Appelius, Heiner Bremer of the Axel Springer Verlag, Professor Horst Breuer of the University of Marburg, Dr Jürgen Lange of the Zoologischer Garten Berlin, Professor W. B. Lockwood of the University of Reading, Dr Renate Matthaei of Kiepenheuer & Witsch, and Günter Wallraff.

Introduction

The *Aufmacher* affair

The title of Günter Wallraff's *Der Aufmacher* is a carefully chosen pun that refers both to the author and to his subject matter. Like most puns, it does not translate readily into another language. The noun 'der Aufmacher' belongs normally to the realm of journalistic jargon, where it means a 'lead story' – the headline item in a newspaper. In this context the verb 'aufmachen' can further imply 'packaging' and 'presentation' in a sense that often has overtones of exaggeration and sensationalism. But 'aufmachen', of course, also means quite simply 'to open', and from this it is only a short step to ideas of 'revealing' or 'taking the lid off' something, with the noun 'der Aufmacher' now indicating the person who performs this act of disclosure. As the subtitle of *Der Aufmacher – Der Mann, der bei BILD Hans Esser war* – makes clear, these implications of 'unmasking' are very much to the fore, with Wallraff himself, in the guise of one 'Hans Esser', as the 'whistle-blower' in question. Indeed, at the end of the book, when Wallraff's cover is finally blown, the two meanings merge as the story of his revelations itself becomes the subject of newspaper headlines.

The story that the mass-circulation *BILD-Zeitung* carried in its edition of 23 July 1977 under the headline 'Ein ,,Untergrundkommunist'' schlich sich ein' was certainly something of a sensation, for it admitted that for three months Günter Wallraff, the scourge of the right-wing establishment in West Germany, had been working in disguise and under the assumed name of 'Hans Esser' as a reporter in the paper's Hannover office. It was not the first time, and it was certainly not to be the last, that Wallraff had insinuated himself into an organisation to gain first-hand experience of its workings. And the *BILD-Zeitung* was under no illusions about what lay in store for those institutions that had been careless enough to let Wallraff in: 'er ... schreibt nun wohl, was er alles in der BILD-Lokal-Redaktion Hannover erlebt haben will. Er wird einen Kübel voll Jauche ausgießen, dieser falsche Kollege. Sei's drum', the paper ruefully concluded.

The 'Kübel voll Jauche' that *BILD* had anticipated duly materialised in October 1977 in the shape of the book *Der Aufmacher*. With some half a million copies sold by 1989 — 250,000 of them within three months of publication — it was an instant best-seller whose fortunes undoubtedly owed much to its *succès de scandale*. *BILD*'s publishers, the Axel Springer Verlag, in fact gave *Der Aufmacher* considerable publicity by seeking to besmirch Wallraff's reputation and prominently denying many of the book's claims in their own newspapers. The Axel Springer Verlag also instituted a protracted series of legal proceedings against Wallraff and his publishers, which some four years later went all the way up to the highest court in the land, the *Bundesverfassungsgericht*. By now, in order to keep abreast of the succession of court cases brought by the Axel Springer Verlag, the book's publishers had brought out no fewer than fifteen different editions of *Der Aufmacher*. Although the book was at one stage temporarily banned, the main effect of the injunctions was a series of gaps in the text of subsequent editions. In fact the excised passages — prominently displayed with the word 'zensiert' assertively stamped into them — are for the most part relatively brief, and in a number of cases simply refer to individuals on the staff of the *BILD-Zeitung*. Wallraff, for his part, set up a fund for 'BILD-Opfer' from the proceeds of sales of the book (and thereby also introduced a new word into the German language), and went on to produce three further books on the *BILD-Zeitung*.

The Axel Springer Verlag got wind of Wallraff's presence in its midst through an anonymous interview with him in the July 1977 edition of the left-wing magazine *konkret*, and immediately sent out instructions to all their offices to look out for him. The following month *das da*, a rival publication to *konkret*, revealed exactly where Wallraff was and thereby put paid to his investigations. Once he had been discovered and obliged to leave, Wallraff's former employers speedily brought both their journalistic and their legal clout to bear in an attempt to minimise the damage they knew the affair would cause. In an exercise worthy of the portrait of the methods of the gutter press presented by Heinrich Böll (himself a long-standing friend of Wallraff) in his novel *Die verlorene Ehre der Katharina Blum*, reporters were sent out to interview neighbours, acquaintances, and relatives of Wallraff to search out any titbits of information or opinion that might be used to present him in a negative light. Searching questions were asked about his childhood, and his seventy-six-year-old mother found herself confronted with a Springer reporter who she thought was from a totally different journal; a number of interviewees even seem to have thought they were helping in an investigation into terrorist activities. For eight days on end the *BILD-Zeitung* regaled its readers with denigratory accounts of the life and activities of the 'Untergrundkommunist' who had caused it such embarrassment, and the stories were taken up in the Springer Press's other organs as well. The offices of the *BILD-Zeitung* in Hannover where Wallraff had worked were turned into a virtual fortress: new locks were fitted, watchmen were employed to accompany visitors in the building, and employees of the company were systematically questioned about any contacts they may have had with Wallraff.

The Axel Springer Verlag also did its best to prevent the showing of a film that had been secretly made during Wallraff's time with *BILD*.[1] Heavy legal pressure was brought to bear on the small television company that had been involved in its production, and an emissary was dispatched to Stockholm to try to dissuade Swedish television when it proposed to broadcast the film. Indeed, the attempted intimidation of Swedish television led to much indignation there, and was headline news in the Swedish press.[2] The film was nonetheless shown, and eventually found its way onto television in a number of other countries, including the Netherlands, Switzerland, Austria, and Denmark. West German television, fearful of tangling with the legal might of the Axel Springer Verlag, was on the other hand more cautious, and the *Westdeutscher Rundfunk*, the biggest and normally one of the more adventurous of the country's regional broadcasting corporations, decided not to show it. The jury of critics at the 1977 'Internationale Filmwoche' in Mannheim, however, awarded it the prize for 'den besten Fernsehfilm'.

But it was the book *Der Aufmacher* that the Axel Springer Verlag's lawyers devoted most of their energies to. The numerous injunctions that they applied for certainly kept Wallraff's publishers on their toes, but rather than withdraw the book as the Axel Springer Verlag had obviously hoped would happen, they put much energy into bringing out a whole succession of new editions of *Der Aufmacher* from which the most recently banned words and passages were quite undisguisedly excised. Censorship of this kind did little damage to the integrity of the text, which remained substantially intact; indeed, if anything, it probably helped sales of the book and did more harm to the image of the Axel Springer Verlag.

The longer-running court cases over Wallraff's activities at the *BILD-Zeitung* and the publication of his revelations were of more consequence, as they touched on more fundamental issues of the legitimacy of the kind of investigative reporting for which Wallraff had made himself a name. It was not just a matter of whether Wallraff himself would be able legally to continue with his work, but also much broader questions of the 'transparency' of modern democracy were at stake. Just how much *were* ordinary people entitled to know about the power-structures of their society, and just how much privacy were the wielders of that power entitled to?

3

It fell to the highest of the civil courts in West Germany, the *Bundesgerichtshof* ('*BGH*'), to consider the appeal that Wallraff and his publishers Kiepenheuer & Witsch had entered against the verdicts of lower courts in cases brought against them by the Axel Springer Verlag. The *BGH*'s verdict of 20 January 1981 was far from straightforward, but in general it was recognised as a qualified vindication of what Wallraff had done. Although the court upheld the right to confidentiality in the 'private' and 'commercial' sphere, it conceded that revelations about matters of public concern did not enjoy such protection, and although the deception that Wallraff had practised could not be legally condoned, the discoveries that he had made while working at the *BILD-Zeitung* were of sufficient public concern to justify their publication notwithstanding. Here, the *BGH* talked in particular of disturbing 'Fehlentwicklungen des Journalismus' and 'einschneidende Folgen der Meinungsmanipulation' on the part of *BILD*. It was particularly important, the verdict stressed, that newspapers, as organs of publicity, should not be able to hide from the public their own attitudes to the news and to their own readers.[3]

Not content with the *BGH*'s verdict, the Axel Springer Verlag pressed on with its litigation, insisting that a matter of constitutional importance was at stake. This meant that the Federal Constitutional Court – the *Bundesverfassungsgericht* – had to be called upon to deliver a final adjudication. The *Bundesverfassungsgericht*'s eventual verdict of 25 January 1984, which upheld the right to confidentiality of an editorial conference, was duly hailed in a *BILD* headline as a 'Sieg für die Pressefreiheit', but in fact the court had also, if anything, extended and clarified the legal status of Wallraff's working methods. Whilst these, if they involved acts of deception, remained strictly speaking illegal, they *were* in exceptional cases justified, the court declared, if the wrongs that were uncovered were of such gravity that an overriding public interest would be served by their disclosure. It was a verdict that enabled Wallraff to continue his work, but which at the same time by no means left him immune to further litigation. Wallraff, no stranger to the law courts in the past, was to find himself engaged in many more legal cases in the future.[4]

Apart from the legal implications of the *Aufmacher* affair, there were clearly also ethical issues at stake. Wallraff had after all deceived not only the *BILD-Zeitung*, but also his fellow journalists, and, for that matter, the people he had interviewed in the guise of 'Hans Esser' (a pseudonym he had in fact officially registered as a professional nom-de-plume), and even, it could be argued, the readership of *BILD* as a whole. A savage attack on the deception implicit in Wallraff's methods had already been made in 1973 by the employers' organisation the 'Institut der deutschen

4

Wirtschaft' in a 25-page brochure with the title *Dichtung als Waffe im Klassenkampf*. Intended as an 'unmasking' of the 'Marxist' Wallraff, and a warning to fellow industrialists to be on the look-out for him, the brochure fitted the general pattern of reaction from an alarmed establishment to the increasing daring and prominence of Wallraff's early exploits.[5]

Wallraff himself had defended his deceptions before a court in Cologne in 1975 in terms that were remarkably close to the later verdicts of the *BGH* and the *Bundesverfassungsgericht*: 'die Methode, in einer fremden Rolle Sachverhalte aufzudecken, die anders nicht zu erfahren sind, ist immer die gleiche geblieben, und der Zweck der Aufklärung lag *im öffentlichen Interesse*'.[6] The debate, intertwined in a very German fashion with arguments over legalistic niceties, was to erupt again when *Der Aufmacher* appeared, and has followed Wallraff ever since. Clearly, there are no simple answers to the ethical questions raised by the methods Wallraff uses.

And as for the more practical effects of the revelations of *Der Aufmacher*, there can be no doubt that the reputation − for what it was worth − of the *BILD-Zeitung* took quite a knock. It was a blow the paper could ill afford after the furious debate that erupted over the methods of the gutter press in the wake of the appearance earlier in the 1970s of Heinrich Böll's book and then the film *Die verlorene Ehre der Katharina Blum*.[7] Thousands of former *BILD* readers pledged that they would give the paper up, and trade unionists and SPD politicians undertook to give no more interviews to the paper − an undertaking that was followed in 1980 by a statement by leading writers of their intention no longer to allow their work to appear or be advertised in any Springer papers.[8] Even Axel Springer himself was reported in a conversation with the journalist Ben Witter of *Die Zeit* as distancing himself from the less savoury contents of the *BILD-Zeitung*:

Ich leide wie ein Hund darunter, daß manches in meinen Blättern steht, womit ich überhaupt nicht einverstanden bin. Und wie oft leide ich, wenn ich morgens die BILD-Zeitung lese. In Hunderten von Briefen beschwor ich die Chefredaktion alles zu unterlassen, was gegen die Würde des Menschen verstößt.

Not surprisingly, Springer's reported remarks pushed the already seriously damaged morale of the *BILD* staff to an all-time low, and when some 140 of the paper's editorial workers wrote to tell him that the day these remarks appeared was 'für uns der schlimmste Tag, seit wir bei ,,Bild'' sind', he found himself obliged to make at least a partial retraction by claiming that Witter had misunderstood his actual words.[9]

Clearly, *Der Aufmacher* was a major blow to the image of the

BILD-Zeitung, and indeed to the Springer Press as a whole. For a while there was a drop in sales of *BILD*, yet for all the public debate, for all the appeals and statements, millions of Germans continued to buy and read the paper, and by any standards its circulation figures remained – and still remain – immense. It was as if the paper's continuing success was a perverse vindication of the conclusion reached in *Der Aufmacher* that *BILD*'s readers were addicted to a kind of drug.

Günter Wallraff

The 'reporter' who worked on the Hannover staff of the *BILD-Zeitung* under the name of 'Hans Esser' had already had plenty of experience of operating in disguise in order to find out how some of the key institutions of West German life actually functioned, and he was to go on some eight years later to create an even greater sensation by successfully disguising himself as a Turkish immigrant in order to gain first-hand insight into the lives of the country's *Gastarbeiter*. The resulting book – *Ganz unten* – was to be an even greater success than *Der Aufmacher*: indeed, it quickly became *the* all-time best-seller since the foundation of the Federal Republic.

Hans Günter Wallraff, to give the man behind the masks his full name, was born on 1 October 1941 in the small town of Burscheid, which lies a few miles north-east of Cologne. His parents' marriage – it was his mother's second – seems to have been a difficult one because of their very different origins: on his mother's side were 'großbürgerlich' attitudes passed down from parents who owned a piano factory; Wallraff's father, on the other hand, born to an unmarried mother, worked in the paint-shop at the Ford plant in Cologne, a job that he eventually had to abandon because of its effect on his health. His refusal to make use of the connections that his wife enjoyed, and her sense that she had 'sich durch ihre zweite Ehe gesellschaftlich deklassiert' were to leave their mark on the young Wallraff: 'Durch die zwei Welten, die sich in meinem Elternhaus brachen,' he surmised in 1974, 'kamen für mich Erkenntnisse, die mich offenließen, mich irritierten und gleichzeitig kritisch und wachsam werden ließen.'[10]

Wallraff did not stay on at school, but, leaving the 'Gymnasium' after his 'Mittlere Reife', he became an apprentice in the retail book trade, where he worked from 1957 until he was conscripted into the army in 1963. His application for recognition as a conscientious objector was presented too late, and he spent ten rebellious months in uniform before being eventually discharged as an 'abnorme Persönlichkeit ... verwendungsunfähig auf Dauer'.[11]

Experience of life in the army was to be crucial for Wallraff's later life and work:

Ohne meine *Le(h)erzeit* als Kriegsdienstverweigerer in der Bundeswehr — zehn Monate lang Willensbrechungsmethoden und Schikanen ausgesetzt — wäre mir nicht Hören und Sehen *aufgegangen*, hätte ich nicht mein Widerstandspotential entwickelt, das mich bei späteren Rollen antrieb und mir jeweils weiterhalf.[12]

It was an experience that was also to provide Wallraff with the material for a text that he entitled 'Mein Tagebuch aus der Bundeswehr'.[13] This was the earliest example of his *Erlebnisberichte*: the critical accounts of insider experience that were to become his own peculiar speciality, and that were to culminate in *Der Aufmacher* and *Ganz unten*.

After a six-month interlude living rough in Scandinavia, Wallraff returned to Germany and took on a number of manual jobs in heavy industry. He began writing about his experiences in a series of reports that appeared in the journal of the trade union *IG Metall* under the pseudonym 'Wallmann'. The world of work that Wallraff describes is boring, exhausting, soul-destroying, and unhealthy. It is a world where workers communicate little with each other, and are largely ignorant of the context or purpose of the tasks they are obliged to undertake. In 1966 the reports were published together as a book under the title *Wir brauchen dich. Als Arbeiter in deutschen Industriebetrieben*; reprinted in 1970 as a paperback under the title *Industriereportagen*, they reached a wide readership, selling over a third of a million copies by the end of the decade. Günter Wallraff was rapidly becoming a familiar name, and his distinctive brand of writing was acquiring the status almost of a genre of its own.

With his next collection of reports, *13 unerwünschte Reportagen*, published in 1969 as an anthology of pieces that had appeared over the preceding few years in the left-wing magazine *konkret* and the satirical journal *Pardon*, Wallraff began experimenting with a new method of information-gathering. Whereas his experiences in factories that provided the material for the *Industriereportagen* had been obtained without deception on the author's part, Wallraff was now beginning increasingly to use his talents as an impersonator in order to discover and reveal, amongst other things, what life is like for an alcoholic in a mental home, as a down-and-out in a Hamburg doss-house, or as a self-professed radical student looking for somewhere to live in West Berlin.

Not all of his disguises were quite so innocent, however, and legal and ethical questions that were to accompany much of his subsequent work began to be raised when, for instance, he posed as a chemicals manufacturer with a large order from the US Army for the production of napalm (at a time, it must be remembered, when the substance was being used to horrific effect on the peasants of Vietnam) seeking, and obtaining, assuagement of his conscience from a Catholic father confessor. When he posed under the name of 'Ministerialrat Kröver' as an official of the

Ministry of the Interior of the *Land* of Nordrhein-Westfalen in order to collect what turned out to be most alarming facts about the increasingly political and paramilitary nature of the internal security arrangements of a number of private companies, he was taken to court by the *Land* for *Amtsanmaßung*. Although in this particular case he was acquitted, brushes with the law – in particular in the form of suits taken out against him by those whose activities he had exposed – were from now on to become an increasingly frequent accompaniment of Wallraff's work.

In the mid-1970s Wallraff came to the attention of a wider public in an unexpected way. Two further *Reportagen* revealing malpractices and injustices in West German society had already appeared in 1973,[14] when, in May 1974, news came from Athens that, in a spectacular act of protest against the oppressive dictatorship of the then regime of the Greek Colonels, Wallraff had chained himself to a lamppost in one of the city's main squares and distributed leaflets calling for the release of all political prisoners, as well as for the restoration of democratic institutions in Greece. Bearing no evidence of his identity at the time, he was beaten by the secret police who soon turned up to arrest him, tortured during interrogation, and eventually sentenced to fourteen months in prison. In the event, the junta collapsed not long afterwards, and Wallraff was released after serving three months of his term. His action, and the outspoken attack on the Colonels' dictatorship that he delivered in court during his trial,[15] were warmly welcomed in Greek opposition circles. In West Germany, where the incident received wide coverage in the media, reaction was more mixed: many dismissed the one-man demonstration as a publicity stunt, though more favourable views began to be voiced when it became clear that Wallraff was taking on the full consequences of his action and actually going to jail.

During his speech to the Greek military tribunal Wallraff had spoken of the links between the military dictatorship and right-wing political and industrial circles in the Federal Republic. He also spoke of the widespread ignorance among the West German public of just what was happening in Greece, and accused in particular the *BILD-Zeitung* of quite deliberately excluding the political situation in Greece from the 'holiday paradise' image of the country that was the staple for most West German newspaper readers.

It was by no means the first of Wallraff's critical references to *BILD* – though, with its assertion that the paper saw its role as preparing the ground for a Greek-style situation in West Germany, it was a particularly savage one. With a circulation at that time of around three and three quarter million copies – making it the biggest-selling daily not only in West Germany but in the whole of continental Europe – the *BILD-Zeitung*

8

was the most successful, and arguably the most influential, of the papers published by Axel Springer. That there should be no love lost between Wallraff and the right-wing press magnate was hardly surprising: not only were their politics radically opposed, but *BILD*, widely read among the West German working class, was, in Wallraff's eyes, performing a function diametrically opposed to what he was trying to achieve with his own brand of revelations about the realities behind the surface of daily life in the Federal Republic. In common with *BILD*'s many other critics, Wallraff saw the paper's function as one of stabilising and perpetuating the unjust and exploitative nature of West German society.

This point was made very clearly in the opening lines of the essay 'Gegengeschichten zur Bildzeitung', which appeared as part of the collection *Neue Reportagen* in 1972.[16] *BILD*, Wallraff claims, not only twists the news, but it does this quite specifically to keep ordinary people in a state of ignorance and hence powerlessness, and it manages to pull off this trick by entertaining its readers with the very material with which it renders them subservient. And in order to ensure that its picture of the world strikes home, the paper does not simply manipulate the facts, it will even invent them if need be:

Es ist bekannt, daß ,Bild' Nachrichten einseitig herausstellt und verfälscht, Fakten unterschlägt und verdreht, um Massen unmündig zu halten und zu verdummen, damit die so Verdummten am Ende noch an ihrer eigenen Unterdrückung Spaß haben. Nach welchen Methoden Springers ,Bild' gerade den unterprivilegierten Schichten, die verstärkt der Aufklärung bedürfen, seine Meinung aufzwingt, stellt sich bei einem Test heraus: ,Bild' manipuliert nicht nur Nachrichten, es erfindet welche, auf daß ihr Weltbild verbreitet wird.

Here, in the three 'counterstories' that demolish items published as 'news' in *BILD*, one can find an early hint of the subject that was to preoccupy Wallraff and to bring him to unprecedented prominence in the latter part of the 1970s. Between 1977 and1986 Wallraff was to produce no fewer than four books on the *BILD-Zeitung. Der Aufmacher* (1977) was the first of these, and it was followed in 1979 by *Zeugen der Anklage*. In this book, with its subtitle *Die ,Bild'-Beschreibung wird fortgesetzt*, Wallraff set about demolishing over thirty individual *BILD* stories, partly by showing up their slender connections with the reality they purported to convey, partly by analysing the ideology behind them, and partly by describing the often devastating effects they had had on the lives of those who had the misfortune to be mentioned in them – the '*BILD*-Opfer' for whom he had set up a fund out of the royalties of *Der Aufmacher*. In 1981 Wallraff produced a '*BILD*-Handbuch' with the title *Bild-Störung*. Here too the sort of material already familiar from the two earlier books appeared, but, true to its title, the '*BILD*-Handbuch' is also a compendium of historical and contemporary information not only on the *BILD-Zeitung* but on the Axel Springer Verlag as a whole. Making no secret of its hostility to the Axel Springer Verlag and all its works, the original edition of the '*BILD*-Handbuch' even included anti-*BILD* stickers. Indeed, by now, the campaign against *BILD* that Wallraff had initiated had taken on a life of its own, turning out posters, postcards, stickers and badges, films, a regular newsletter, and a record featuring some of the country's best-known singers, not to mention satirical mock-ups of the *BILD-Zeitung* entitled *KILLT*, all available by mail-order from the Cologne-based 'GegenBILDstelle', as well as from numerous alternative bookshops up and down the land.

The fourth of the *BILD* series, *Günter Wallraffs BILDerbuch* (1985) took the preceding analyses as read, and, after a brief introduction, reproduced without commentary a selection of headlines from ten years of the *BILD-Zeitung*. The idea came to him, Wallraff said, as he was about to throw out his bulky collection of copies of the paper, partly 'um diesen Dreck endlich aus meiner Wohnung raus zu haben', but also to open up some shelf-space 'für wichtige Unterlagen meiner neuen Arbeit'.[17]

The nature of this 'neue Arbeit' was to be revealed a few months later when *Ganz unten* appeared. Just as there had been hints in Wallraff's earlier work of his concern with the *BILD-Zeitung*, the conditions under which immigrant labourers worked and lived in West Germany had also caught his attention. The subject matter of *Ganz unten* thus came as no surprise, but what did catch the imagination of the readers who very quickly made this book into the biggest best-seller the West German book trade had ever known was the sheer audacity and imaginativeness of the disguise that Wallraff took on in order to gather his material on the lives of the *Gastarbeiter*. In his previous investigations he had, after all, adopted roles as a German, but now, as the Turkish labourer 'Ali Levent Sigirlioglu', he not only dyed his moustache, but put on a black wig, and even wore special contact lenses to darken his eyes. The disguise worked, and for more than two years he was able undetected to travel the Federal Republic gathering experiences in a succession of jobs of the degradation, the humiliating discrimination, the loneliness, and, more than anything, the bare-faced and frequently illegal exploitation by sometimes prominent companies to which the *Gastarbeiter* are subject in the lower depths of Western Europe's most powerful economy.

Ganz unten was not only the most successful of Wallraff's investi-gations in terms of sales, but also probably the most influential. Certainly, the malpractices of numerous employers came under closer scrutiny as a result of its publication, and the authorities were forced to take steps where abuse of the law was most blatant. The book's huge royalties were also put to good use: as he had done with his earlier funds for '*BILD*-Opfer*', Wallraff now established schemes to help *Gastarbeiter* and to further their integration into West German society. Like the books on *BILD* and the earlier *Industriereportagen*, *Ganz unten* did not actually reveal a great deal that many critical observers of West German life had not already suspected, but what it did achieve was to make those suspicions more concrete, to provide evidence and a context within which to pin down just what abstract notions such as 'alienation', 'exploitation', or 'hypocrisy' *mean* in the reality that millions experience in their daily lives. It was to be the clearest vindication to date of the Wallraff technique of investigative documentary writing.

Although many see Wallraff's motivations as essentially political in nature, he has himself, in the 1989 essay 'Schreiben ist nicht alles',[18] interestingly emphasised again a much more personal, psychological set of explanations for his work, even going so far as to see his role-playing as a kind of existential compulsion: 'Der Rollentausch ist überhaupt meine einzige Möglichkeit zu leben, mich intensiv zu spüren, mich einzubringen.' He talks of his own disturbed personality and his weak sense of identity as the starting point for his sorties into the lives of others:

Diese absolute Identitätslosigkeit war überhaupt die Voraussetzung, mich so auszusetzen. Aus Kommunikationsunfähigkeit und Kontaktlosigkeit heraus entstand mein Verlangen, mich in andere hineinzuversetzen, über meine Rollentechniken stellte ich Nähe zu anderen Menschen her.

As a result, the actual books through which the world at large perceives Wallraff are, for their author, actually of secondary importance – indeed, he even goes so far as to dismiss them as a 'by-product' of something he would have done in any case:

Für mich ist das Wichtigste nicht das Buch. Das ist ein Nebenprodukt. Ich würde die Arbeit auch machen, wenn daraus kein Buch entstünde. ... Der schöpferische und wichtigere Teil meiner Arbeit findet nicht am Schreibtisch statt.[19]

The Springer Press

The *BILD-Zeitung* has, in commercial terms, been one of the great success stories of the post-war newspaper industry. Axel Cäsar Springer, its founder, was born in Hamburg in 1912. His father was the owner and publisher of a small suburban weekly newspaper, the *Altonaer Nachrichten*, and Springer's first job was in the printing works where it was produced. The concern was bought out by the Nazis in 1941. Springer, who managed to escape conscription into the *Wehrmacht* on health grounds, lived a fairly unpolitical existence during the Third Reich,

11

and thus was ideally placed to qualify for one of the licences to publish newspapers and magazines that the British occupation authorities were granting to those with 'clean' records after the war ended. In fact, Springer started his career as a publisher with two magazines, *Hör zu* and *Nordwestdeutsche Hefte*: both were associated with the newly-founded radio service for the British Zone of Occupation, the *Nordwestdeutscher Rundfunk*, and were modelled on the BBC's *Radio Times* and *The Listener* respectively. Although *Nordwestdeutsche Hefte* did not last long – it was soon revamped as a popular weekly called *Kristall*, which ceased publication in 1966 – *Hör zu* went from strength to strength as the country's leading radio – and later TV – *Programmzeitschrift*, a position that it still maintains today. It is in fact the largest-selling magazine of its kind not only in West Germany, but in the whole of Western Europe.

In 1948 Springer's first newspaper appeared: the *Hamburger Abendblatt*. This too was a great success, relying on a popularising formula that combined simple language with an anecdotal, 'human-interest' approach to the news, and it has long been the Federal Republic's biggest-selling evening paper. Then, on Tuesday, 24 June 1952, the first number of *BILD* appeared. Intended as a new kind of popular paper, the early numbers – true to their name – did indeed consist of little but pictures interspersed with cursory captions and a few brief articles. The general tone was, if anything, homely and sentimental, but it was not a formula that caught on, and it was not until the paper switched a few months later to its present make-up that sales began to take off. The new-look *BILD*, with its garish layout, aggressively bold headlines, and its brief and simply-written stories, proved by contrast to be a great success, and its sales rose steeply throughout the fifties and well into the sixties: in 1955 the two million mark was reached, in 1956 three million, in 1962 four million, and in 1966 an initial peak of around five million copies a day was reached. By the mid seventies sales had however fallen back to below four million, but picked up and again passed the five million mark in the eighties, only to fall back again somewhat at the end of the decade.

Die Welt, the next major addition to the Springer empire, had been in existence since April 1946, when it was founded by the British Military Government as a mouthpiece for their Zone of Occupation. Disquiet was expressed in some quarters when the paper was sold to Springer by the British in September 1953, as it was already becoming clear that he was acquiring an exceptionally dominant role in the new West German press. *Die Welt* was to become Springer's flagship, his one venture into the quality journalism that in West Germany is epitomised by the so-called *überregionale Tageszeitungen*, a category in which *Die Welt*, based initially in Hamburg and then, from 1975 on, in Bonn, is accompanied by three other papers – the *Süddeutsche Zeitung* of Munich and the Frankfurt-based *Frankfurter Allgemeine Zeitung* and *Frankfurter Rundschau*. Although *Die Welt* was much respected in its early years, many observers in more recent years have queried the paper's claims to quality and seriousness, and even its reliability: it is now certainly the least 'up-market' of the four *Überregionale*, and the most 'middlebrow' in its appeal; it has also been a perpetual loss-maker, surviving on heavy cross-subsidies from the Axel Springer Verlag's more successful 'down-market' publications, and has experienced a prodigious turnover of editors, who have left in protest at the particularly close rein on which Springer ran the paper.

Both *BILD* and *Die Welt* produce Sunday editions – *Bild am Sonntag* and *Welt am Sonntag* – which are in effect West Germany's only two 'national' Sundays, and in the course of the 1980s the *BILD* label has been used to launch a series of popular weeklies – *Bild der Frau*, *Bild-Woche*, *Auto-Bild*, and *Sport-Bild*. The rest of the Axel Springer Verlag's newspaper holdings are, however, local in character, the most important, alongside the *Hamburger Abendblatt*, being the *BZ* and the *Berliner Morgenpost* in West Berlin. Indeed, in West Berlin, as also in Hamburg, the daily papers are preponderantly products of the Springer press. The company also has important holdings in the national magazine and book publishing markets, and has more recently begun to move in a big way into commercial radio and satellite television. When Axel Springer died in September 1985, he had ensured in his will that the publishing empire he left behind would, as far as possible, remain intact and in trustworthy hands.

The 'BILD-Zeitung' and its critics

By any standards the sales figures that *BILD* has achieved are quite extraordinary: not only had it managed within a few months of its launch to become the biggest-selling daily in West Germany, but it soon rose to be the biggest in the whole of Western Europe. No other West German paper has ever managed to approach it: only one other – the *Westdeutsche Allgemeine Zeitung*, serving the densely-populated Ruhr area – even manages to scrape past the half-million mark, and only a handful of others manage a quarter of a million. Indeed, given that most copies of newspapers are read by more than one person, it has been estimated that *BILD* is read each day by at least a quarter of the population of the Federal Republic. It is not only in the sheer size of its sales that *BILD* is in a uniquely dominant position, but also in the geographical spread of its circulation, for, unlike any other non-specialist West German newspaper, its sales are spread more or less evenly all across the country. In a country where newspapers are regional or local in their distribution, *BILD* alone thus has the status and significance of what in Britain would be called a 'national daily'.[20]

But whereas the dozen or so 'national' papers in Britain offer a certain spectrum of choice to their readers in terms of their seriousness or lack of it, and also − though to a much lesser extent − in their politics, West Germans, with nothing to choose from but *BILD*, have no such variety at this country-wide level. It is not even as if *BILD* were in the middle of the spectrum as far as seriousness or politics are concerned. Its approach to the world on which it is ostensibly informing its readers is decidedly trivialising and sensationalist, leading one British observer of the West German press to characterise *BILD* in the following colourful terms:

> It aims to identify with every reader's prejudices and to stimulate any they do not have and to this end uses a combination of lavish picture display, sledge hammer headlines and emotionally charged leading articles written in words of one or two syllables to ram home views that sound as though they had crawled out from behind the woodwork of a psychopath's unconscious.[21]

And as for *BILD*'s politics − or, indeed, its apparent lack of politics − Dieter Brumm notes 'eine brisante politische Mischung aus konservativer Lebenshaltung, manipulierter Wirklichkeit, zynischer Ersatzbefriedigung und nationalem Sendungsbewußtsein'. 'Brisant ist diese Mischung vor allem deshalb,' Brumm continues,

> weil sie nicht nur an autoritäre Persönlichkeitsstrukturen und Vorurteile appelliert, sondern ihre politische Fracht verdeckt transportiert. Oberflächlich betrachtet gibt sich diese Zeitung ja als buntes Bilderblatt ohne viel Politik.[22]

The masthead of the *BILD-Zeitung* proclaims that the paper is 'unabhängig' and 'überparteilich'. There is, of course, nothing unusual in this: most newspapers are proud to vaunt their 'independence' and their freedom from party loyalty. But does it really tell us very much when 'independent' is used in this way (or, to take a British example, in such phrases as 'independent television', or 'independent schools')? Clearly no newspaper or any other organisation exists in a vacuum, and all are 'dependent' on a variety of factors, not least for their subsistence. Newspapers are thus traditionally dependent on two main sources of income: the money that their readers pay to buy them (their cover price), and the money that advertisers pay in order to be given access to those readers through the paper's pages (advertising revenue). The two are clearly closely interlinked: the size of the readership, and also the kind of readership, that a newspaper can offer potential advertisers will be important factors in determining whether or not particular advertisers − or indeed, any advertisers at all − are prepared to offer the paper their business, and at what price.

But there is another form of dependence that is especially relevant in the case of the *BILD-Zeitung*, and that raises a particular question mark over its claims to be 'unabhängig': the existence of 'press barons' who take a close interest in the contents, and especially the political line, to be found in their newspapers. It is true that the *BILD-Zeitung* is indeed 'überparteilich' in the sense of not being controlled by a particular political party, but it is equally true that *BILD* has closely reflected the views of its owner ('mein Kettenhund', he once called it[23]), and as Springer was increasingly a man of the political Right, so it, like his other publications, is a decidedly right-wing organ. And – to take the 'überparteilich' argument to its final stage – since the right of the West German political spectrum is dominated by the CDU (or, in Bavaria, the CSU), *BILD* is in reality very predominantly a paper that supports the CDU and the CSU.

This has in fact not always been the case. It is today easy to overlook the fact that throughout much of the fifties the Springer Press took a political line that was relatively independent of the cold-war attitudes that then characterised the CDU-inspired consensus of West German public life. *BILD* in any case in its early years paid little attention to politics, devoting itself primarily to 'human-interest' journalism,[24] but *Die Welt* was known initially as a far more open-minded and non-conformist organ than it is today, criticising leading conservative politicians such as Konrad Adenauer and Franz Josef Strauß, opposing nuclear armament, and calling for diplomatic relations with Poland.

Indeed, in some respects, Springer was a proponent of 'Ostpolitik' well before that term became associated with the 'normalisation' of relations with Eastern Europe set in train by Willy Brandt when his SPD-led government came to power in the autumn of 1969. In January 1958 Axel Springer flew to Moscow in the hope of persuading Nikita Khrushchev, the Soviet leader, to agree to a plan he had drawn up for resolving the 'German Question' by creating a united but neutral Germany. The undertaking was a measure not only of the distance between Springer's politics at that time and those of the Adenauer government, but also of Springer's inflated sense of his own significance. It was also an undertaking that failed, and Springer returned to Germany bitterly disappointed. This was the point at which the Springer Press took on the political hue for which it is now so well-known: a determined anti-communism became the order of the day, accompanied by a swing to the right in its coverage of domestic politics, both of which manifested themselves in the increasingly overt politicisation of the *BILD-Zeitung*.[25]

From the mid-sixties onwards the *BILD-Zeitung* found itself increasingly at daggers drawn with the world of West German writers and intellectuals as well as the political Left in the country. This hostility reached an initial peak during the period of the *Studentenbewegung* of 1967−68. For the rebellious students of the 1960s the Springer Press, and, above all, the *BILD-Zeitung*, epitomised what they termed 'Meinungs-manipulation' − the undemocratic perversion of public opinion into attitudes that served the existing power structure but not the objective interests of those who had to live within it. For the Springer Press, on the other hand, the students were communist-inspired troublemakers, bringing chaos and terror to the streets of West German cities, and in particular to West Berlin.

Initially the two sides engaged in verbal battles. Headlines in Springer papers of the time sought to create a climate of opinion in which the student demonstrations were seen as acts of terrorism ('Stoppt den Terror der Jung-Roten jetzt!', 'Schluß mit Terror und Krawall!'), the inspiration behind the demonstrations as something vaguely − and sinisterly − designated as 'communism', and the students themselves as long-haired layabouts. The general tenor of much of the coverage was that a deep gulf separated the students, who had put themselves way beyond the pale, from the 'ordinary, decent, hard-working' citizenry − the archetypal *BILD*-readers, in other words. Some headlines purported to express the indignation of the 'man in the street': ',,Laßt Bauarbeiter ruhig schaffen! Kein Geld für langbehaarte Affen!'' ', 'Berlin wird ihnen eine Antwort geben', or 'Das war den Berlinern zuviel!' were typical of this approach. As critics of the *BILD-Zeitung* were quick to note, such virulent invocations of an all-or-nothing 'them and us' attitude were stirring emotions that had previously been manipulated by the Nazis in their propaganda of hatred against the Jews. Indeed, the very vocabulary of Nazi demands to 'eradicate' the Jews surfaced quite unashamedly in such headlines as 'Unruhestifter unter Studenten ausmerzen'.[26] As a leaflet of the West Berlin 'Evangelische Studentengemeinde' put it: 'Der Springer-Journalismus ist Pogrom-Journalismus. Das Angriffsobjekt ist seit dem Dritten Reich ausgetauscht worden: Die krumme Judennase im ,,Stürmer'' wurde in der Karikatur von ,,Bild'' und ,,BZ'' zum Bart des Studenten.'[27]

It seemed inevitable that the hysteria of the Springer Press's treatment of the student demonstrations would itself lead to violence. Indeed, some saw the headlines and their accompanying stories as a form of violence in every way comparable with anything the protesters might do: in the words of one of the students, 'Eine tendenziöse Schlagzeile von ,,Bild'' ist mehr Gewalt als ein Stein am Polizisten-Kopf.'[28] The first fatality had occurred on 2 June 1967 when the student Benno Ohnesorg was shot by a policeman during a demonstration in West Berlin against the visit of the Shah of Iran, but the pot really boiled over the following Easter after the shooting of the student movement's most prominent figurehead, Rudi

Dutschke. Dutschke was cycling along the Kurfürstendamm on the afternoon of 11 April 1968 when he was shot in the head, throat, and chest by a young house-painter called Josef Bachmann. Although he made a partial recovery, Rudi Dutschke eventually died as a result of the effects of his injuries on Christmas Eve 1979.

The mentally unstable Bachmann, who claimed to 'hate communists' and to have been inspired by the assassination a week before of Martin Luther King, was a *BILD* reader, and this, for Dutschke's fellow-students, was evidence enough of who had 'really' pulled the trigger: the would-be assassin was Axel Springer, and his weapon had been the *BILD-Zeitung*. Incensed by the shots on the Kurfürstendamm, the students resorted to direct and violent methods to attack the Springer machine. Over the Easter weekend there were turbulent demonstrations outside Springer buildings across the country with the object of preventing distribution of the company's newspapers; in some cases, delivery vans were set on fire, and a student and a press photographer both later died of injuries received. Two years later, Dutschke's attacker, Josef Bachmann, committed suicide in jail.

That responsibility for these tragic and violent events must be laid at the feet of Axel Springer and his *BILD-Zeitung* was now a commonplace among West German intellectuals and the Left in general, and the years of the Student Movement saw the beginning of that tradition of critique of *BILD*'s methods that was later to manifest itself in the investigations of Günter Wallraff. But before Wallraff came on the scene one other series of events was to bring *BILD* and its critics into the limelight.

On 22 December 1971 a bank raid took place in Kaiserslautern in the course of which a policeman was shot dead. The local police chief indicated to reporters that there was no clear evidence as to who was responsible for the crime. *BILD*, however, seemed to know better, and immediately attributed the raid to the terrorists of the 'Baader-Meinhof Gang', proclaiming in its headlines of the following day: 'Baader-Meinhof-Bande mordet weiter. Bankraub: Polizist erschossen'. *BILD*'s total disregard, not only of the police chief's words, but also of the principle that a person is innocent until proved guilty, so incensed the novelist Heinrich Böll that he wrote an angry critique of the paper's methods that appeared in the news magazine *Der Spiegel* on 10 January 1972. It was the beginning of a feud between the Springer Press and the Nobel-Prize-winning writer that was to occupy Böll right through to his death in 1985 (also the year, as it happened, of the death of Axel Springer).

Böll's *Spiegel* article, entitled 'Will Ulrike Gnade oder freies Geleit?', described the *BILD* headline of 23 December 1971 as 'eine Aufforderung zur Lynchjustiz'. The paper's action, Böll claimed, 'ist nicht mehr kryptofaschistisch, nicht mehr faschistoid, das ist nackter Faschismus, Verhetzung, Lüge, Dreck.' Any hope that the terrorists might see reason and give themselves up in the expectation of a fair trial had to all intents and purposes been shattered, and Böll could only plead − as the title of his article indicated − that at least an offer of safe-conduct be made to Ulrike Meinhof; by the same token, Axel Springer should be tried for incitement:

Ulrike Meinhof will möglicherweise keine Gnade, wahrscheinlich erwartet sie von dieser Gesellschaft kein Recht. Trotzdem sollte man ihr freies Geleit bieten, einen öffentlichen Prozeß, und man sollte auch Herrn Springer öffentlich den Prozeß machen, wegen Volksverhetzung.[29]

Not surprisingly, the Springer Press did not mince its words in its response to Böll's attack. 'Böll, dieser christliche Dichter,' reported *BILD*, 'bedient sich im ,,Spiegel'' einer Sprache, die Gemeinschaftswerk Karl-Eduard von Schnitzlers und Josef Goebbels sein könnte.'[30] A campaign now got underway to defame not only Böll and his family, but numerous other intellectuals as 'Sympathisanten' of the terrorists and their cause. It was a campaign that undoubtedly contributed to a marked souring of the mood of public life in West Germany in the mid-seventies as the hunt began for 'Radikale im öffentlichen Dienst'. Numerous civil servants − in particular teachers, but also railway, postal, and municipal employees − fell foul of the 'Berufsverbot' provisions to which Willy Brandt and the heads of the Land governments drew attention in a common declaration − the so-called 'Radikalenerlaß' − of 28 January 1972, and either lost their jobs or failed to gain employment.

Böll's response to the hysteria that he held the Springer Press particularly accountable for was − characteristically − to write a book. *Die verlorene Ehre der Katharina Blum* was to be one of the most talked-about novels of the seventies, and when, a year later, it was made into a film by Volker Schlöndorff and Margarethe von Trotta, the cinemas were packed for months on end as audiences flocked to see what was to become one of the most successful films the Federal Republic had ever produced. There was never any doubt that *Die verlorene Ehre der Katharina Blum* was about the *BILD-Zeitung*. Böll made this quite clear in a mock 'disclaimer' at the front of his book, and when his story first appeared in serial form in *Der Spiegel*, the Springer Verlag had to obtain an injunction forbidding illustrations that portrayed the paper that Böll had called 'Die ZEITUNG' as being in fact *BILD*. The 'ZEITUNG' that appeared in the film also bore an unmistakeable resemblance to the more familiar Springer organ, and to rub things well and truly home, the film too concluded with a mock disclaimer: 'Personen und Handlung sind frei erfunden, Ähnlichkeiten mit gewissen journalistischen Praktiken sind weder beabsichtigt noch zufällig sondern unvermeidlich.'

Die verlorene Ehre der Katharina Blum is a study in the power of the gutter press – its power to shape public opinion, and its power to destroy the lives of those who have the misfortune to fall foul of its ruthless quest for 'good stories'. The Katharina of the title is a quiet, reserved young woman who, at carnival time, spends the night in her flat with one Ludwig Götten, a young man she has met at a party. He, it turns out, is wanted by the police in connection with the theft of some money from a regimental safe. For the 'ZEITUNG', and in particular for its reporter Werner Tötges, the incident is a marvellous opportunity to cash in on – and raise to a still higher pitch – the current public hysteria about terrorism. Just as in the *BILD* headlines that followed the Kaiserslautern bank raid, 'Die ZEITUNG' is in no doubt that Götten is a terrorist, and moreover turns its attentions to Katharina whom it brands as the terrorist's accomplice and whore. She quickly becomes the object of public vilification and hatred, her friends are dragged in too, and her old mother dies in grief at the news. In the end, in desperation, Katharina herself becomes a murderess, shooting the offensive Tötges when, in an act of cynical vulgarity, he propositions her.

Die verlorene Ehre der Katharina Blum may have been a work of fiction, but no-one failed to note its relevance to the real world. Both the book and the film helped to renew the public debate about the nature and role – both ideal and actual – of the media, of the 'gutter press', and of the *BILD-Zeitung* in particular. As in the period of the Student Movement, discussion focussed, amongst other things, on the nature of violence. Both the book and the film had pointed up the fact that a newspaper can be just as awesome an instrument of destruction as a gun: indeed, Böll's subtitle, 'Wie Gewalt entstehen und wohin sie führen kann', made it clear that this was one of his major themes. But *Katharina Blum* did not just point back to earlier arguments about the *BILD-Zeitung*: it also pointed forward to Günter Wallraff's work on the paper, where the coded, fictional approach of Heinrich Böll was to be borne out by first-hand reports on the behind-the-scenes reality of the activities of the Springer Press.

The 'problem' of BILD

Clearly, many in West Germany see the Springer Press, and the *BILD-Zeitung* in particular, as a 'problem'. The Springer Press in its turn would emphatically reject this label. Its products are, after all, commodities, and like all other commodities they stand or fall by consumer demand. Nobody is forced to buy a Springer newspaper or magazine, and if nobody wanted to buy them they would cease to exist. In fact many millions every day and every week do buy Springer newspapers and magazines, and what can be wrong with giving the public what it wants?

But it is not only on the basis of commercial criteria that the Springer Press would argue that it is merely, and successfully, 'delivering the goods'. Newspapers and magazines do, after all, provide an important service to society above and beyond any entertainment or curiosity value they may have for their readers. Moreover, the four 'Grundsätze' of the Springer Press, which were drawn up by Springer himself, are very much within the mainstream of West German politics and in themselves unexceptionable enough:

– Die Zeitung tritt für die Erhaltung unserer demokratischen Grundordnung in einer sozialen Marktwirtschaft ein.
– Sie strebt die Wiedervereinigung Deutschlands mit friedlichen Mitteln an.
– Sie ist gegen jeglichen Radikalismus.
– Sie ist für die Aussöhnung der Juden und Deutschen.[31]

That the Springer Press is politically right-wing is not disputed. Indeed, *Die Welt*, for instance, has described itself in advertisements as 'reform-offen bei konservativer Grundhaltung'.[32] Is this, then, the real reason for the widespread criticisms of the Springer Press? It is, after all, equally undeniable that its critics are to be found very predominantly on the political Left. Are their observations simply sour grapes, the product of envy at the fact that this mighty press concern is putting across its 'wrong' ideas to far more people than they could ever hope to reach with their own opinions? Would they complain about the overwhelming power of the Springer Press if its attitudes coincided with theirs? Indeed, is there not a fundamental arrogance towards 'the masses' at work here, a patronising 'we know what's best for you' attitude that implicitly condemns those who choose to buy the *BILD-Zeitung* for their stupidity?

These are certainly questions that have to be faced when one is dealing with a book such as *Der Aufmacher*. They are in part questions that are answered by Wallraff himself in *Der Aufmacher* and elsewhere, sometimes explicitly, sometimes implicitly. But they are also questions that raise more fundamental issues relating to the whole notion of press freedom, and of the functions of the media in a democratic society.[33]

'Press freedom' is not a particularly old notion. Although in England the demand for the abolition of censorship was made by John Milton as early as 1644, guarantees of press freedom do not begin to become enshrined in law until the eighteenth century – initially in the constitution of the State of Virginia in 1776, and then in 1791 in the First Amendment of the American Constitution itself. In France the revolutionary 'Declaration of the Rights of Man and the Citizen' proclaimed in 1789: 'The free communication of thoughts and opinions is one of the most precious rights of man; hence every citizen may speak, write and publish freely ...', and this right was duly incorporated into the French constitutions of 1791 and 1793. Although a degree of press freedom was temporarily achieved in parts of Germany during the revolutions of 1848, it was not until 1874 that the Bismarckian 'Reichspressegesetz' brought − albeit strictly limited − general guarantees of freedom from censorship. It was, however, left to the 1919 constitution of the Weimar Republic and then, after the Nazi interlude, the 1949 *Grundgesetz* of the Federal Republic before Germans enjoyed guarantees of press freedom in the modern sense on a par with other democracies.

Constitutions and laws may guarantee press freedom, but they do not normally elaborate why this guarantee is so important. To understand the thinking behind these guarantees it is necessary to appreciate the role of the press in the functioning of a modern democracy. Democracy implies rule by the people, a rule that is typically exercised through elected representatives in parliaments and similar bodies. If the elector is to make a rational decision on election day it is important that he or she be aware of the issues at stake. In other words, for the healthy functioning of a democracy it is essential that the citizenry be well-informed, and, given that democracy implies the possibility of changing the government, it is also essential that the sources of information be independent of the government of the day. *Information* is thus the primary, and the most obvious, of the press's functions.

A second function is that of *opinion-formation.* The press's role here is sometimes regarded as of suspect legitimacy, the argument being that 'it's a pity newspapers are biased, but it's something you have to put up with if you want a free press, as no-one can *forbid* them from being biased'. Such an attitude assumes that the 'truth' is somehow totally and perfectly knowable, and that a newspaper has only to assemble the 'facts' from the world 'out there' in order for its readers to 'know what is happening'. Clearly such an ideal is impossible from the outset, for no newspaper can report everything in the world and no reader would be able to cope with such an infinity of facts. Newspapers must thus select their news, and the very process of selection − where the news is to be sought, what is to be reported and what left out, how much detail any given item is to receive and where it is to be placed − itself implies judgement. Judgement too is required in deciding what angle is to be taken on any given item: in reports of a rail strike, for instance, one editor may decide that what has happened provides material for a tale of 'commuter misery', others may be more interested in the pay or conditions of the rail workers (some presenting these as proper, others as improper, grounds for the strike), whilst yet another editor may highlight the pair of robins who took advantage of the strike to build their nest in a locomotive cab. And of course the very words used to report the world are themselves rarely neutral in their overtones: one has only to think of the way that unions are traditionally reported as 'threatening' and 'demanding', whilst management 'pleads' and 'offers'.

True objectivity or neutrality are rarely, if ever, attained even in individual reports in a newspaper. But there is a positive side to the bias that one so often finds in the press which manifests itself in the legitimate opinion-forming function of the media in a democracy. After all, the very fact that there is a variety of interests at stake in society and there are hence various ways of perceiving what is happening in the world is precisely why the electorate is presented at election time – and, indeed, every day between elections – with a choice of attitudes and opinions. 'Opinion-forming' in newspapers can take two main forms: in the first place newspapers can inform their readers of the different opinions that others hold (here, of course, the 'opinion-forming' function is really a variant of the 'information' function), and secondly they can present opinions of their own – both explicitly in editorials and commentaries and implicitly in the way they present the news.

The third of the major functions of the press is its role as *watchdog* or *guardian*. Here the press is expected to keep an eye on those in power, to bring their wrongdoings to light and admonish them where necessary. This, in a sense, is a mixture of the 'information' and 'opinion-forming' functions, depending as it does on investigative journalism to report what is happening, and then the taking of a stand on what has been revealed.

'Information', 'Mitwirkung an der Meinungsbildung', and 'Kontrolle und Kritik', as the terms are known in German,[34] are, then, the three classic roles of a free press. But clearly press freedom implies much more than this. In particular for the press to fulfil these functions certain legal and political preconditions must be met. There must be guarantees of freedom for the press to publish as it sees fit in the first place (in the form, for instance, of constitutional guarantees of freedom of expression), and it must have free access to important sources of information (the principle of 'open government'). It is also important that the political system be responsive to the press (i.e. the press must have access to the public, and the public in its turn must be able to influence the process of government).

There is one final prerequisite for the functioning of a healthy free press that brings us to the heart of the arguments about the Springer Press and the *BILD-Zeitung* in particular, and that is the matter of *variety*. Underlying all the above is the assumption that newspaper readers will have a range of papers to choose from, so that the public has available to it more than just one source of information, more than one source of opinions, and more than one 'watchdog' keeping an eye on those in power. Obviously this is indeed the case in the Federal Republic, but the structure of the press there, and its development over the years, are such that much concern is regularly voiced about whether the country can really be said to have a press structure that enables newspapers to fulfil their proper functions on behalf of the democratic system.

The problem of 'Pressekonzentration' is at heart an economic one, but its implications are deeply political. Although in its late eighteenth-century origins the modern newspaper may have fulfilled a service that approximated quite closely to the ideals described above, it did so for a very tiny, educated readership. In the course of the nineteenth century, and even more so in the twentieth, with the spread of mass literacy and developments in technology, circulations have increased and newspapers undergone a fundamental change: they have become *commodities*, and like all commodities they are subject to market forces. The primary function of the press as far as its owners and shareholders are concerned is now to make a profit, and, like all commodity manufacturers, newspaper owners feel a compulsion to expand – to increase their circulations, often at their rivals' expense, and if possible to take over their rivals' concerns.

This was the process that, by the end of the nineteenth century, had already led, in Germany as elsewhere, to the emergence of what today are often referred to as 'press empires', frequently controlled by extremely powerful 'press magnates', or 'press barons'. It was a process that took on alarming dimensions in the Weimar Republic when a sizeable part of the German press (not to mention other media such as the cinema newsreel service) fell under the control of the right-wing nationalist Alfred Hugenberg, whose propaganda is often pictured as having helped prepare the ground for the Nazi takeover in 1933 – a takeover that was to remove all vestiges of press freedom from Germany for the next twelve years. The Allies after the war were determined that a healthier press structure should be bequeathed to the new Germany, but they found themselves on the horns of the old dilemma of the free press Western-style: that the press is both a commodity *and* a vital part of the democratic process, and that the former role can seriously interfere with this latter. It is a dilemma that has nowhere been successfully resolved: attempts to free the press from the laws of the market are regularly met with accusations of state interference, and attempts to make it more independent of the state subject it still further to market forces.

Superficially, the West German press may appear to an outsider to be in a relatively healthy state. There are after all some four hundred different newspaper titles on sale. But this figure is deceptive: few of these papers are independent entities, and there are in fact only around 120 'publizistische Einheiten' – the technical term that is used in German to describe independent editorial units, which may produce any number of separate titles containing a similar editorial line and often more or less identical news contents. Moreover, the historical trend is not encouraging: in 1954 there were 225 of these 'publizistische Einheiten'; the seemingly inevitable process of bankruptcies, mergers, and takeovers quickly set in, however, and ten years later the figure had fallen to 183. The present level of around 120 had already been reached by the mid-seventies, and it is perhaps at least one positive sign that there has since then been, if anything, a very small upturn. Perhaps the *most* positive trend has been in overall sales – the numbers of actual newspapers bought each day – which have risen more or less steadily from eleven million at the beginning of the fifties to over twenty million in the 1980s.

Where, then, does *BILD* fit into this picture? After all, it does seem odd to worry about one newspaper when there are well over a hundred others to choose from. Here it is necessary to appreciate that the geographical structure of the West German press is very different from that found in, for instance, Britain. The overwhelming majority of the newspapers on offer in West Germany are strictly local in their distribution, and their circulations are accordingly small. It is thus decidedly *not* the case that any given newspaper reader has over a hundred papers to choose from. Indeed, given that for the great majority of West Germans *the* paper will be a local one, a choice is often not there at all, as there is only one local paper in roughly half the districts of the country, and in the other half the choice is hardly ever greater than two: here too the historical trend has been towards a steady increase in the so-called 'Ein-Zeitungs-Kreise' ('single-paper districts'). Admittedly there are the 'überregionale Tageszeitungen' – the *Süddeutsche Zeitung*, the *Frankfurter Rundschau*, the *Frankfurter Allgemeine Zeitung*, and *Die Welt* – but these have circulations that, whilst big by West German standards, do not bear comparison with the British 'national dailies', and the first two at least are in any case distinctly regional in their distribution patterns.

This leaves *BILD*. With its huge circulation and its countrywide distribution it is clearly not just another title to set alongside the array already on offer in West Germany. Its five-million-odd sales figure means that it accounts for a good quarter of all newspaper sales each day, reaching, as has already been indicated, around a third of the adult population. Obviously such facts imply great power in the hands of those responsible for the newspaper's contents, a power that Axel Springer was well aware of. Springer – by the end of his life one of the richest men in Europe − was, after all, a man with a sense of mission, who sought to use his papers in the pursuit of his objectives. Sometimes these were political objectives on a global scale, as in his anti-communist crusades with their far-reaching implications for the German role in world politics; sometimes the implications were more domestic, as in the virulent attacks on students and intellectuals in the late sixties and seventies; sometimes they were blatantly self-seeking, as in the Springer press's persistent readiness to do down the public-service broadcasting system in West Germany with a view to promoting its own interests in commercial radio and television. Politicians have always been well aware of the power of the Springer press: Konrad Adenauer would read the *BILD-Zeitung* 'to find out what the ordinary German is thinking', whilst a later Chancellor, Helmut Schmidt, admitted that to tangle with Springer would be 'political suicide'. Springer did not always get his way though: one of the more bizarre examples of his attempts to woo prominent people in Bonn came when *BILD* was obliged to raise its cover price from the original 10 pfennigs to 15 pfennigs, and Springer, afraid that this might adversely complicate transactions at the country's newspaper kiosks, lobbied hard − but in vain − for the introduction of a 15-pfennig coin!

The debate about the *BILD-Zeitung* is essentially about this power: should it be possible for such power over people's knowledge, ideas, and attitudes to accrue in the hands of one organisation, and indeed in those of one man, in a democratic society? And if not, how does one prevent this happening without limiting the freedom of the press? And given that this power did accrue to Axel Springer and his publishing house, has it been used properly? These are the questions that − beyond the problems of dubious journalistic practices − underlie what Wallraff has to tell us in *Der Aufmacher*.

In retrospect it seems inevitable, given the nature and aims of his own work, that Wallraff should sooner or later have decided to get behind the scenes of the *BILD-Zeitung*. He had from the outset been under no illusions about the paper's popularity among the working people whose lives he was sharing in the various roles he adopted: he was all too aware that for many West German workers it is the only newspaper − indeed, the only piece of reading matter − consumed in the course of a typical day.

But at the same time Wallraff clearly recognised that the role of the *BILD-Zeitung* in their lives was diametrically opposed to the aims of his own writing about those lives. Whereas in his own work he sought to draw attention to the mechanisms of oppression and exploitation with a view to removing them, the role of *BILD* in the scheme of things was quite the opposite. Behind its addictive sensationalism, it instilled in its readership a sense of helplessness, of the inevitability of the social order, a feeling

25

that things were the way they were because they could not be different. And it directed the frustration that such a mood inevitably engendered not at those who profited from the existing system, but at scapegoats from among the very ranks of its victims, on whom the hard-done-by could vent their disgruntlement in the form of prejudice and abuse. Wallraff's verdict on the *BILD-Zeitung* in the early seventies closely echoed the comments of the paper's many other critics and analysts:

Die ‚Bild'-Zeitung, die nach außen hin zwar mit allen Mitteln den Eindruck eines ‚Volksblattes' zu erwecken versucht, sich intern jedoch als ‚exzellente Interessenvertretung der Arbeitgeber' nennt, und die planmäßig durch sie Verdummten zynisch ‚Primitivos' nennt, lenkt ... von den wirklichen politischen Problemen ab, sie schafft es, daß der Arbeiter − immerhin lesen noch 50% der Arbeiter als einzige Tageszeitung ‚Bild' − seine Situation nicht als änderbar begreifen lernt, sondern als zufällig und schicksalhaft. Als Urheber für seine Probleme, die ihm in Krisenzeiten vielleicht sogar als Misere zugestanden werden, werden ihm nie die an ihm Profitierenden vorgeführt, statt dessen Ausgebeutete wie er − oder noch wirkungsvoller − Vertreter von Minderheiten oder Minderheiten an sich, wie demonstrierende Studenten oder ‚Gastarbeiter', auf daß er seine angestauten Ängste und Aggressionen am falschen Platz abreagiert.[35]

Approaches to the text

How does one classify and categorise Wallraff's work? What exactly *is Der Aufmacher*? Although Wallraff's name appears in most modern studies of German literature, it is perhaps not very helpful to approach a book such as this as a 'literary text', and certainly Wallraff himself has consistently denied having literary aspirations in his work. If there *is* a category to which one can assign a book such as *Der Aufmacher*, then it is that of *Reportage*, a form of writing that is conventionally associated more with journalism than with literature, and which is accordingly often felt to be somehow more ephemeral than 'literature proper'.

Certainly relatively little in the way of earlier examples of German *Reportage* remains familiar today, and it is in general something of a neglected genre. Heinrich Heine, the nineteenth-century poet and essayist, is sometimes cited as one of the first practitioners of *Reportage*, though there is a self-reflective artistry in his work − which in any case is hardly 'investigative' journalism in the modern sense − that is far removed from Wallraff's approach. In the twentieth century the communist journalist Egon Erwin Kisch (1885−1948) comes closer to the kind of thing Wallraff is doing, especially in the political commitment of his work, though Kisch's writings too reveal a greater concern for personal literary style. Wallraff himself was, it seems, unaware of Kisch's works until 1966, when critics began suggesting parallels between them and the *Industriereportagen*.

In a 1977 essay entitled 'Kisch und Ich heute'[36] Wallraff concludes that it is partly this much greater attention to the style of his 'Reportagen' that distinguishes Kisch from himself, but also makes the point that he, Wallraff, is less of an observer and more of a participant in the situations he exposes:

Ich muß selbst erst zum Betroffenen, notfalls zum Opfer werden, um über die Situation der Opfer dieser Gesellschaft schreiben zu können. Wenn ich mich zum Sprachrohr der Sprachlosen machen will, die wenig zu sagen haben, obwohl sie viel zu sagen hätten, so bedeutet das für mich, daß ich wenigstens zeitweilig einer von ihnen werden muß.[37]

Kisch certainly exemplified the left-wing premises of much of German *Reportage*, and it was in an attempt to revive the politically committed explorations of working-class life that had been part of the radical literature of the 1920s that a group of writers met in Dortmund in 1961 to found the *Gruppe 61*. The 1960s saw the appearance in West Germany of a number of works that explored the lives – and in particular the working conditions – of ordinary people. In many cases – as, for example, in the novels of Max von der Grün, the most prominent member of the group – such explorations took a more or less 'literary' form, but others turned to the techniques of *Reportage* in the narrower sense. In most cases this meant objective, often verbatim accounts of the lives and thoughts of working people – perhaps most famously in Erika Runge's *Bottroper Protokolle* of 1968. Wallraff's 'Industriereportagen' and subsequent *Erlebnisberichte* represented something different, however, in that – as he suggests in comparing himself with Kisch – he was describing his *own* experiences of working life through the various roles he adopted.

In the event, the assumptions of the *Gruppe 61* turned out to be not only 'too bourgeois' but also 'too literary' for some of its members. The result was a split in the group, and the founding in 1970 of the more radical *Werkkreis Literatur der Arbeitswelt*. In the *Werkkreis* Wallraff was very much the most prominent figure, and it was his notions of a kind of writing that was (a) quite deliberately 'non-literary' and (b) produced above all with a view to effecting political change in society that characterised the new grouping's outlook. The *Werkkreis*, often working closely with the trade unions, organised readings and discussions in factories and work-places, and also sought to encourage workers to write down their own experiences. Although it had seemed at first that Wallraff might have provided a focal role in the *Werkkreis*, his own increasing prominence and the growing success of his books pushed him into the position of a more distinctive figure, a situation that was only compounded by the appearance of *Der Aufmacher* and his other work on the *BILD-Zeitung*, which represented something different from the explorations of industrial life that he had earlier produced and that lay at the heart of the *Werkkreis* project.[38]

It was precisely because Wallraff had been so insistent on downgrading the literary and personal aspects of his writing that allegations made in 1987 that he had employed 'ghostwriters' for parts of his books fell somewhat wide of the mark. At least when Hermann L. Gremliza, the publisher of the magazine *konkret*, claimed that it was in fact *he* who had written substantial passages of *Der Aufmacher*, the question whether it really *mattered* who had written which sections of the book seemed a legitimate response from a strictly 'literary' perspective: Wallraff was, after, not a novelist creating a personal 'work of art', and it was not so important whether other hands had been at work committing his experiences to paper.

The reaction of Wallraff and his publishers to Gremliza's claims was to concede that the latter had indeed offered his assistance in the task of turning Wallraff's notes and recordings into the text that finally appeared in the book − a task that had had to be completed under extreme pressure of time in view of the expected reactions of the Axel Springer Verlag. Gremliza had, however, been paid for this copy-editing and had in any case not requested acknowledgment of his assistance, which was simply the same sort of work as that done by any other anonymous publisher's reader. In a subsequent *Spiegel* interview about the affair Wallraff took his earlier disavowals of any literary pretensions a stage further by accepting the designation of 'Prototyp des *synthetischen* Schriftstellers' − a writer

der also nicht, wie das früher üblich war, sich nur an den Schreibtisch setzt und seine Bücher selber ausdenkt und schreibt, sondern der gewissermaßen der Koordinator der verschiedensten technischen und menschlichen Hilfsmittel ist, der den gesamten klassischen Begriff des Schriftstellers abschafft und dafür den völlig neuen Begriff, eben den des synthetischen Schriftstellers, verkörpert.[39]

The first editions of *Der Aufmacher* contained some thirty chapters on Wallraff's experiences with the *BILD-Zeitung*. For the present selection this total has been reduced to sixteen. In deciding what to retain and what to omit the needs and interests of English-speaking students have been borne very much in mind, whilst at the same time the selection aims to give a good sense of the range and nature of the material contained in the original. The chapters reproduced here vary greatly in length: some are up to ten pages long, and at the other extreme a couple take up less than a page. They vary also in their degree of difficulty – both difficulty of language, and difficulty of subject-matter: some are largely descriptive of incidents that Wallraff experiences, others are more about people, and yet others are more abstract and analytical. Most, however, will be found to contain a range of levels of difficulty as well as of subject-matter.

Whatever the merits and demerits of 'literary' and 'non-literary' criteria, and however one wants to classify the book, there are many ways of approaching *Der Aufmacher*. The following outline of some possible approaches is by no means exhaustive, but it is hoped it may help students and teachers to undertake a fruitful and structured analysis of the text (though not necessarily in the order indicated). It is thus deliberately in skeleton form, and consists of suggestions for tackling the text, and raises the kinds of questions that may take readers further. (Many of these questions are also raised in the *Arbeitsteil*.)

A. *The book*

1 *What sort of book is this?* Is it – like its subject-matter – a kind of journalism? 'Investigative reporting'? A sociological study? A political tract? What other books is it like? How does it compare with Wallraff's other works? With other forms of *Reportage*?

2 *Wallraff's style* The book makes use of a very wide range of levels of German, from the latest colloquialisms to the abstractions of social analysis and political rhetoric, as well as the more specialist jargon of the newspaper world. These very different idioms often rub shoulders with one another in the same paragraph, or even the same sentence, and the resultant effect has been dismissed by Wallraff's critics as 'slovenly'. The extracts from *BILD* itself reveal a much more consistent style that repays careful analysis.

B. *'Wallraff bei ,,BILD" '*

1 *As a story* The book's subtitle – 'Der Mann, der bei *BILD* Hans Esser war' – suggests that at one level it can be read as a kind of thriller, a tale of disguise and audacious infiltration.

2 *Wallraff's self-observation as a BILD reporter* Also implicit in the subtitle, and especially prominent in the chapter INTENSIV-STATION. What does Wallraff find happens to him during his period with *BILD*, and what does he deduce from this?

3 *The ethics of Wallraff's deception* Was he justified in tricking his way into the *BILD-Zeitung*? Having done so, was he justified in revealing all that he has? Was his behaviour towards other people – his colleagues at work and the people he interviews in the guise of a *BILD* reporter, as well as the paper's readers – justified?

4 *What is Wallraff's case, and has he proved it?*   Does he arrive at the *BILD-Zeitung* with an open mind? Are the points he makes borne out by the evidence he adduces? Does he show that the things he describes are peculiar to *BILD*?

C. The 'BILD' journalist

1 *The main theme?*   What makes the *BILD* journalist tick? This more than anything else seems to be the question that haunts Wallraff throughout the book.

2 *Opfer oder Täter?*   Another recurrent question: are not the journalists 'victims' of the paper just as much as those it reports on and those who read it? In what sense are they guilty?

3 *Attitudes to their reader*   Cynical? Contemptuous? In what sense are the readers' 'needs' catered for?

4 *Attitudes to their job*   Do they see themselves as journalists? What is their aim?

5 *Attitudes to each other*   Colleagues? Rivals? Are there hierarchies? What kinds of relationships does Wallraff strike up?

6 *Their working conditions*   What pressures are they under? Who competes with whom, and who is dependent on whom? Wallraff makes much of the status of the 'Freien' − the 'freelancers': why? What is the role of the open-plan office? Why does he so often use the imagery of the stock-market to describe the rises and falls in the status of individual reporters?

7 *Schwindmann*   Next to 'Hans Esser' himself, the most prominent individual in the book. He is clearly a character who fascinates Wallraff: why? What sort of person is he? Is he entirely the villain of the piece − a 'Täter' rather than an 'Opfer' − or is there more to him than that?

The 'BILD' reader

1 *Victims?*   What is Wallraff trying to suggest reading *BILD* does to you?

2 *Addicts?*   Why do so many people keep on reading *BILD*?

3 *Newspaper readers?*   Perhaps in the end that is all they are: but what does being a 'newspaper reader' mean? Wallraff on the other hand suggests that this is one thing the *BILD*-reader is not: why?

4 *Wallraff's attitude*   Could he not be accused of condescension and paternalism in his attitude to the typical *BILD*-reader? Are the terms 'Opfer' and '*BILD*-Geschädigte', and the imagery of addiction fair? Are there any parallels between his attitudes and those of the other *BILD* journalists?

30

The 'BILD' subject

1 *The positive and negative reactions* Some people react positively to being interviewed for *BILD*, and similarly to being reported on in it, others react negatively: what are the various reasons for these different reactions?

2 *The reporters' reactions* How do the reporters react to having their stories in *BILD*?

The 'BILD' story

1 *Relation to reality* Are the stories that Wallraff describes accurate but partial accounts of reality? Or are they distortions? Or simply false?

2 *How is it created?* To what extent is the story determined by the reporter's preconceptions about what is needed? Who decides what is 'needed'? On what basis? To what extent is reality itself manipulated to produce the right story? (See in particular the chapters RAUBFISCHE and HÖHLENFORSCHER IM HARZ.)

3 *How is it written?* What are the characteristics of the style of *BILD*? Why does Wallraff draw comparisons between the *BILD* story and the techniques of advertising? What is the role of the headline? What is the purpose of the *BILD* story?

4 *Favourite topics* 'Human interest' clearly plays a major role in *BILD*: what does the term mean here? Why the apparent fascination with such topics as violence, tragedy, horror, patriotism, wealth, fate, mystery, power? What does Wallraff have to say specifically about the role of the pin-ups and the animal stories in *BILD*? What kinds of things do *not* make a good *BILD* story?

5 *The stories reproduced in the text* Five *BILD* stories are reproduced here. What picture do they give of the paper? How do they work as stories through their layout, their structure, their language?

'BILD' as an institution

1 *Violence* Wallraff – like Heinrich Böll in *Die verlorene Ehre der Katharina Blum* – worries over the nature and definition of 'violence': he begins by asserting that what *BILD* does is a form of violence. What does he mean by this? Is it a reasonable assertion to make? Why was it a particularly current issue in 1977?

2 *The effects of BILD* On its readers? On German politics and society? Would things be different if *BILD* were not there?

3 *The German aspect* How does *BILD* compare with the popular press in Britain and elsewhere? Is there anything about it that seems peculiarly

German? Wallraff hints at echoes of the Nazi past: is he being over-sensitive?

4 *The 'Hausinterne Analyse'* At various points Wallraff includes extracts from the Axel Springer Verlag's own analysis of the *BILD-Zeitung*. Why does he do this? What do these extracts tell us about *BILD* as a national institution? And what does the fact that they were used by the Axel Springer Verlag to promote the paper tell us?

5 *What should be done about BILD?* A question that, interestingly, is not explicitly asked in *Der Aufmacher*, even though the book seems to cry out for it. Is it a legitimate question? Why does Wallraff not ask it in so many words? What *could* be done about *BILD*? By whom? Why?

The politics of 'BILD'

Wallraff clearly perceives *BILD* as a right-wing paper. What evidence does he adduce for this? In what ways are the ostensibly non-political contents of *BILD* seen by Wallraff as in fact deeply political? Is this perception justified? Does he suggest not just how, but *why BILD* should be right-wing? How does he explain the fact that *BILD* is read predominantly by people whose interests he considers are not best represented by the political Right?

'BILD' as a newspaper

Wallraff claims that *BILD* does not deserve to be graced with the name of 'newspaper'. Why? Is this fair? If it is not a newspaper, are his 'revelations' really so important? Ultimately *Der Aufmacher* raises crucial questions about what a newspaper is, about what it does, and what it should do – and of course the paradox contained in that word 'should': a society that prides itself on being free finds it very difficult to enforce that 'should', since that might mean limiting the very freedom of the press that is part of the definition of a free society. The original edition of *Der Aufmacher* is prefaced with a very apt quotation from Bertolt Brecht:

Herr Keuner begegnet Herrn Wirr, dem Kämpfer gegen die Zeitungen. ‚Ich bin ein großer Gegner der Zeitungen‘, sagt Herr Wirr, ‚ich will keine Zeitungen‘. Herr Keuner sagte: ‚Ich bin ein größerer Gegner der Zeitungen: Ich will andere Zeitungen‘.

Notes to the Introduction

1 The film, *Informationen aus dem Hinterland*, which is some 80 minutes long, was directed by Jörg Gfrörer, who was later to film Wallraff's experiences as 'Ali the Turk' in *Ganz unten*. There is relatively little footage from inside the *BILD* office – shot on the pretext of a documentary report on the workings

of a newspaper – , but rather more of 'Hans Esser' out in the field as a reporter; much of the film, however, consists, like the book, of commentaries by Wallraff analysing how he feels about the work he has to do and the methods of the *BILD-Zeitung.*

2 Wallraff's work has been particularly well-received in Sweden, and the translations of his books have been very successful there. Indeed, so familiar is he that a verb 'to wallraff' has now entered the Swedish language. See Gustav Korlén, 'Günter Wallraff in Schweden', in *In Sachen Wallraff,* 236–44.

3 For an assessment of the *BGH* verdict see *In Sachen Wallraff,* 203–17. See also the *Arbeitsteil* below.

4 On the *Bundesverfassungsgericht* verdict see *In Sachen Wallraff,* 218–26. See also the *Arbeitsteil* below.

5 On *Dichtung als Waffe im Klassenkampf* see *In Sachen Wallraff,* 110–15.

6 *In Sachen Wallraff,* 151. Emphasis in the original.

7 See below, 17–19.

8 According to *Bild-Störung,* 223, the pledge to give up *BILD* attracted over 200,000 signatures within two years. The writers' declaration 'Wir arbeiten nicht für Springer-Zeitungen' is reproduced in *Bild-Störung,* 229–30.

9 See *Bild-Störung,* 60–1.

10 *In Sachen Wallraff,* 122.

11 *Befehlsverweigerung,* 46.

12 'Schreiben ist nicht alles', in *Die Zeit,* 11 August 1989, p.37. This text was announced as due to appear in a forthcoming Kiepenheuer & Witsch anthology *Es muß sein. Autoren schreiben über das Schreiben.*

13 *Befehlsverweigerung,* 17–46.

14 *Was wollt ihr denn, ihr lebt ja noch* and *Ihr da oben – wir da unten.*

15 'Verteidigungsrede vor dem griechischen Militärtribunal', *In Sachen Wallraff,* 136–48.

16 *Befehlsverweigerung,* 309–26.

17 *Günter Wallraffs BILDerbuch,* 7.

18 Note 12 above.

19 There is probably here, in the stress on the primacy of his *experiences* over the written accounts of them, also an oblique reference to the accusations of plagiarism that were levelled at Wallraff ten years after the appearance of *Ganz unten* – see below, 28.

20 The term is not easily translatable into German in any case, given that the Federal Republic is not a 'nation': the German equivalent for 'national' in this sense would accordingly have to be something like 'bundesweit'.

21 Francis Williams, *The Right to Know,* London 1969, 220–1. Springer is reported to have summed up his own philosophy of newspaper-making in the words: 'Ich war mir seit Kriegsende klar, daß der deutsche Leser eines auf keinen Fall wollte, nämlich nachdenken' (Thomas (ed.), 137).

22 In Thomas (ed.), 136.

23 *Ibid.,* 133.

24 Not, of course, that 'human-interest' journalism lacks political implications: as Brumm points out, and as Wallraff's work abundantly suggests, it can be a major force in shaping political attitudes.

25 'Für mich ist der Widerstand gegen den Kommunismus eine Fortsetzung des Kampfes gegen den Nationalsozialismus', as Springer summed up his philosophy

(quoted in *Die Zeit*, 27 September 1985). A curious, constantly visible indication of his die-hard approach in this area was the way his papers were obliged always to print the initials 'DDR' in inverted commas long after this practice had been almost universally abandoned in West Germany. The Springer Press continued to do this even after his death, until they finally dropped the 'Gänsefüßchen' in the summer of 1989.

26 Headlines taken from J. F. Page (ed.), *Penguin German Reader*, Harmondsworth 1970, 156–7.

27 *Ibid.*, 160. Many *BILD* headlines seem like self-parodies – so much so that one is tempted to take for real the splendid one invented by the satirical artist Klaus Staeck: 'Juso beißt wehrloses Kind'. The ultimate spoof, however, has to be the one invented by reporters seeking to encapsulate in one headline every imaginable *BILD* obsession: 'BLINDER DEUTSCHER SCHÄFERHUND LECKT MARILYN MONROE BRUSTKREBS WEG!' (Hestermann, 125).

28 Page (Note 26 above), 160.

29 Böll's article, and texts of the debate it engendered, can be found in Grützbach (ed.)

30 *Ibid.*, p. 38. Karl-Eduard von Schnitzler was a hard-line commentator for East German television.

31 'Satzung der Axel Springer Verlag AG', here with specific reference to the *BILD-Zeitung*, quoted in a letter to the editor of the present volume from the *BILD* Verlagsleitung in Hamburg, dated 8 July 1974.

32 Advertisement in *Die Zeit* of 10 August 1979.

33 The term 'press freedom' is used here as a synonym for freedom of all the media of public discourse – whether they be radio, television, films, books, newspapers, magazines, pamphlets, advertisements, or whatever.

34 The usage is universal in German accounts of press functions. See, for instance, Meyn (1), 8–12.

35 *Befehlsverweigerung*, 313. In *Der Aufmacher* it is as much the paper's *methods* as its ideology that are held up for criticism, and here at least *BILD* claims to have mended its ways since Wallraff's investigations: in a letter of October 1989 to the editor of the present volume, a representative of the Axel Springer Verlag's public relations department writes: 'Grundsätzlich möchte ich nur anmerken, daß die redaktionelle Arbeitsweise der BILD-Zeitung von damals mit der von heute in keiner Weise mehr vergleichbar ist.'

36 *Vom Ende der Eiszeit und wie man Feuer macht*, 99–104. Wallraff's rejection of 'literary' classifications for his own work is clear in a remark he made in 1975: 'Ich lehne es ab, unter der Schutzbezeichnung ,,Künstler'' oder ,,Schriftsteller'' zu firmieren' (*In Sachen Wallraff*, 156).

37 *Ibid.*, 103.

38 On the *Gruppe 61* and the *Werkkreis* see the chapter 'Literatur der Arbeitswelt in der Bundesrepublik Deutschland' in Durzak, 314–35. On Wallraff's attitudes see also the chapter 'Literaturtheorie und Verhältnis zur Tradition' in Hahn / Töteberg, 40–53.

39 *Der Spiegel*, No. 28, 6 July 1987, 160. As this article also indicates, the argument blew up at a difficult time for Wallraff, as he was then also being accused of mismanagement of the projects funded from the sales of *Ganz unten*, and of 'exploiting' some of the Turks he had worked with on that book. On the Gremliza allegations see *Der Spiegel*, No. 42, 12 October 1987, 294–301. That Gremliza's

claims also touched on the overall credibility of Wallraff's works was stressed by, for instance, Dieter E. Zimmer in *Die Zeit* of 16 October 1987, p. 59: 'Wallraff ... hat ein chronisches Glaubwürdigkeitsproblem. Der Leser muß einfach sicher sein können, daß ihm hier nichts vorgeflunkert wird: daß Wallraff das alles so wie beschrieben tatsächlich erlebt hat. Wenn der Leser seinem Autorennamen auf dem Titel schon nicht trauen kann ... dann wird selten ein Kredit so schnell zerronnen sein.'

Der Aufmacher

Vorbemerkung

Köln, den 16.9.1977*

Ich verabscheue Gewalt und Terror. Ich verurteile die Morde an von Drenkmann, Buback und Ponto und den vier Begleitern Schleyers.[1]

Warum diese Vorbemerkung zu diesem Buch? Weil zur Zeit in diesem Land ein Klima herrscht, in dem demokratische Kritik diffamiert und in Terroristennähe gerückt wird.[2] Ich z.B. wurde, nachdem ich mir erlaubt hatte, BILD von innen her kennenzulernen, in diesem Blatt mehrfach als „Untergrundkommunist" diffamiert, was auf neudeutsch soviel heißt wie „Terrorist".

Auch in diesem Buch geht es um Gewalt, um eine besondere „geistige" Spielart, die keiner Molotow-Cocktails und Maschinengewehre bedarf. Die Opfer sind Menschen, ihre Gedanken, ihre Gefühle, ihre Würde. Kein Krisenstab und keine Großfahndung können diese Gewalt aus der Welt schaffen, keine Razzia wird die Geiselnehmer des Unterbewußtseins überraschen, kein Sonderkommando wird die verschleppten Erwartungen und Hoffnungen befreien, kein Staatsanwalt wird die Überwachung der Sympathisanten und Helfershelfer[3] anordnen. Das Strafgesetzbuch selbst mit neuen Gesetzen gegen Terror und Gewalt faßt diese Taten nicht. Erst recht nicht die Täter. Gibt es sie überhaupt? Immer zweifelhafter ist mir das geworden, als ich sie besser kennenlernte. Sind nicht auch sie Opfer zugleich, die neue Opfer schaffen?[4] Opfer einer Maschinerie, die geistige Gewalt automatisch produziert?

Ich will die tätigen Opfer des BILD-Systems nicht denunzieren, sie nicht als Individuen darstellen und brandmarken für ihr ganzes Leben. Deshalb trägt keiner der Kollegen, mit denen

* während der Geiselnahme von Schleyer *vor* seiner Ermordung verfaßt.

38

ich in Hannover in der BILD-Redaktion zusammenarbeitete, im Buch seinen wirklichen Namen — wie auch einzelne andere Personen. Doch wurde nichts erfunden oder hinzugedichtet. Äußerungen und Dialoge habe ich teils direkt mitgeschrieben, teils nach Redaktionsschluß in Gedächtnisprotokollen festgehalten. Dieses Buch ist nur der erste Teil einer Beschreibung der BILD-Zeitung, es berichtet fast nur von den Machern, weniger von den Opfern, den Geschädigten. Es mußte darauf verzichten, die großen politischen Fälschungen und Verdrehungen von BILD zu dokumentieren.

Das wird einem zweiten Buch[5] vorbehalten sein, an dem ich und einige Kollegen, die noch in Außenredaktionen und in der BILD-Zentrale ausharren, bereits arbeiten.

,,BILD kämpft für Sie'' heißt eine heuchlerische Kolumne in Springers Massenblatt. Jetzt gibt es einen Hilfsfond[6] ,,Wenn BILD lügt — kämpft dagegen'', der geschädigten BILD-Lesern, die weder die finanziellen Mittel noch die juristische Kenntnis haben, ihr Recht mit Gegendarstellungen,[7] Widerrufen, Unterlassungsverfügungen, Schadensersatz- und Schmerzensgeld-Forderungen durchzusetzen, kostenlose anwaltliche Beratung zur Verfügung stellt. Der Hilfsfond wird aus dem Honorar dieses Buches finanziert. Kontaktadresse für BILD-Opfer:

Hilfsfond ,,Wenn BILD lügt — kämpft dagegen''
Günter Wallraff c/o Kiepenheuer & Witsch Verlag
Rondorfer Str. 5
5000 Köln 51

G. W.

Auf die Idee brachte mich Hans Habe, ständiger Rechtsaußen-Kolumnist im Springer-Sold.[8] Am 2. Januar 1977 veröffentlichte BILD am Sonntag eine ganzseitige Bestseller-Liste: ,,Hans Habe sieht halb prophetisch, halb ironisch die kommenden literarischen Sensationen voraus ... Nach eingehenden Erkundigungen und geheimen Informationen − ich (Habe) habe im Auftrag von BILD am Sonntag jene befragt, die Bestseller machen ...''

Hinter Böll und vor Biermann werde ich von Habe unter Belletristik an siebter Stelle placiert:

> Wallraff: IG.[9]
> Der brillante Schlüsselroman mit dem schlichten Titel ist das Resultat der neun Monate, die der Autor verkleidet in einer Gewerkschaftszentrale verbrachte, um deren Führern auf die Schliche zu kommen. Im Revolt-Verlag, Hamburg.

Viele Leser erkannten die Satire nicht, viele bestellten das Buch im Buchhandel. Sie hatten Habe ernst genommen.

Das tat ich auch. Ich fragte mich, warum er bloß auf die Gewerkschaft gekommen war − und nicht auf das viel Näherliegende,[10] viel Gewaltigere: den Springer-Konzern und dessen größtes Blatt, die BILD-Zeitung. Zwar war vieles in den letzten Jahren darüber geschrieben worden, doch aus dem Innenleben dieses Presse-Imperiums, das Politik und Gesellschaft der Bundesrepublik mitbestimmt und häufig kommandiert, ist so gut wie nichts an die Öffentlichkeit gedrungen.

Bekannt und häufig beschrieben ist, was Springer will und was er macht. Aber er kann es doch nicht alleine tun, er hat ein Heer von Helfern, die für ihn die Wirklichkeit nach seinem Bilde formen.[11] Was sind das für Menschen, die ihm die BILD-Zeitung machen? Sind es Hilfswillige, Sklaven, Infantile, Zyniker? Wer hält die Maschine am Laufen? Manches kann man sich ausdenken, man kann einen dieser Typen so darstellen, wie Heinrich Böll das in seiner ,,Katharina Blum'' getan hat. Aber wer nimmt einem das ab?[12]

Mit meinem Freund Wolf Biermann, der im November 76 nach seiner Ausbürgerung aus der DDR[13] bei mir in Köln eingezogen war, bereitete ich mich darauf vor, in die Rolle eines BILD-Journalisten zu schlüpfen, um selbst und an mir selbst zu erleben, wie dieses gewaltige und geistig gewalttätige System funktioniert. Am 8. März 77 erzählte Wolf Biermann den viertausend Besuchern einer Solidaritätsveranstaltung „Gemeinsam gegen rechts" in der Offenbacher Stadthalle, Wallraff lasse sich entschuldigen, er sei gerade mal wieder einschlägig tätig – irgendwo im faschistischen Ausland.[14]

Einen Tag später, am 9. März erschien die Hannoveraner Ausgabe der BILD-Zeitung mit folgendem Seitenaufmacher:

870 Kleingärten sollen sterben – für eine Straße

Sie sind für viele Bürger ein Erholungsgebiet

Von HANS ESSER
Hannover, 9. März

41

Berührt – geführt „Im Namen des Volkes"[1]
zensiert[2]

Das bin ich nicht mehr, der mich da aus dem Spiegel anschaut. So eine Visage, auf Karriere getrimmt,[3] wie ich sie bei Jungmanagern immer haßte.

Geschniegelt, gestutzt, von Höhensonne erfolgsgebräunt.[4] Polierte Fresse: Der da die durch Jacketkronen gleichgerichteten Zähne herzeigt, den Krawattenkragen festwürgt, und sich mit einem massivgoldenen Siegelring (geliehen) seiner selbst vergewissern muß,[5] und viel zu viel Herrenparfum (Aqua brava) auf den 500-Mark-Anzug und unter die Achseln schüttet, damit der Angstschweiß nicht ruchbar wird,[6] möchte aus der Rolle raus, noch bevor sie anfängt.

Weit weg fahren, nach Portugal,[7] auf die Kooperative, wo du dich nicht zu verstellen brauchst, von den Landarbeitern aufgenommen wirst, dazugehörst und dich nützlich machen kannst, selbst mit zwei linken Händen.[8]

Jetzt habe ich Angst, eine Angst, die ich nur einmal hatte: als ich mich im faschistischen Athen ankettete.[9] Auch diesmal trage ich meine Haut zu Markte.[10] Nur daß die Spuren der Verletzungen nicht so sichtbar sein werden. Damals war ich in der Unschuldsrolle des Opfers, diesmal muß ich zum Mittäter werden.

„Du weißt nicht, auf was du dich da einläßt", hatte B. gesagt. „Die zermantschen und knacken dich, daß dir Hören und Sehen vergeht.[11] Die sind einfach perfekt, die schlucken dich, bevor du überhaupt piep sagen kannst. Du Dilletant, du bist kein guter Schauspieler. Das beste für dich wäre, daß sie dir früh genug die Maske runterreißen, bevor sie dir anwächst."

Ein Freund, Gesichtschirurg in der plastischen Chirurgie der Universitätsklinik Köln, riet davon ab, die kennzeichnenden Falten durch Liften zu entfernen und die Nase korrigieren zu lassen. „Ein zu schwerer operativer Eingriff. Außerdem: du wirst dir jahrelang fremd sein." 12 000 Mark dafür, das kann ich mir auch nicht leisten. Er riet mir, meine Körpersprache zu verändern: ,,Zackig, knallhart, überrumpelnd." – ,,Nicht so abwägend, defensiv und introvertiert."[12] – ,,Schau dir den BILD-Zeitungsreporter in der ,Katharina Blum'[13] genau an. Der hat seine Rolle bei echten BILD-Journalisten abgeguckt." Kehr den Sicheren raus,[14] wo du unsicher bist, zeige dich stark, wenn du Schwäche spürst, hab immer eine vorschnelle Antwort parat, wenn du nach Erklärungen suchst. Denk daran: Sie fühlen sich so unheimlich mächtig und sicher mit ihrer ganzen Konzernmacht im Rücken, daß sie glauben, ihnen kann keiner mehr.[15] Sie sind nicht mehr wachsam, die allzu Sicheren, weil sie sich seit 20 Jahren über alles hinwegsetzen, ohne Widerstand zu finden.

Rollenbeschreibung:
Ich bin jetzt Hans Esser, 30 Jahre, habe vorher Psychologie studiert, davor Betriebswirtschaft, leistungsorientiert, kapitalbewußt; ich komme aus der Werbung,[16] sehe hier eine direkte Nahtstelle zu meiner neuen Karriere.

Der mich einführt: Alf Breull (28), früher Redakteur bei der sozialdemokratischen NHP (Neue Hannoversche Presse). Die Zeitung wurde von der SPD – da unrentabel – aufgegeben.[17] Alf, verheiratet, Frau noch in der Ausbildung, Schulden am Hals, wurde arbeitslos. Die BILD-Zeitung investierte, expandierte; schmiß sich auf den brachliegenden Markt,[18] suchte neue Leute, neue Leser. Alf schwor sich, nur so lange für BILD zu arbeiten, bis seine Schulden abgezahlt wären und seine Frau ihre Ausbildung als Sozialarbeiterin beendet hätte. Alf blieb seinem Grundsatz treu. Zwei Jahre machte er sich die Hände schmutzig. Keinen Tag länger. Zuletzt bot man ihm einen hochdotierten Vertrag. Immer wieder. Denn Alf hatte Talent. Er war der ,,Dichter", der beste Schreiber der Redaktion. Alf lehnte ab. ,,Nicht für 10 000 Mark im Monat. Ich hatte zuletzt jede Selbstachtung verloren." Alf ist jetzt wieder arbeitslos. Nicht alles und jeder hat seinen Preis!

Alf verschafft mir den Einstieg.[19] ,,Damit möglichst viele BILD-Leser erfahren, wie ihre Zeitung eigentlich entsteht. Denn auch ich habe Nachrichten verfälscht, Berichte frei erfunden oder wichtige Informationen unterdrückt. Es kann nur jemand darüber berichten, der dieser Abhängigkeit nicht unterliegt'',[20] sagt Alf.

Hannover, Bemeroderstraße, Druck- und Redaktionshaus sind durch hohe Zäune wie militärisches Gelände abgesichert. Schilder: ,,Betreten verboten. Eltern haften für ihre Kinder.'' Ein Wachmann patrouilliert mit einem Schäferhund. Pförtnerloge, mit drei Mann besetzt. Schranke und automatische Türsperre. Vorsorgemaßnahmen gegen Studentendemonstrationen und Auslieferungsblockaden[21] in kommenden Zeiten? Neutrale Wagen ohne Aufschrift[22] verlassen im Morgengrauen unidentifizierbar das Druckhaus. (Mülltransportern gleich, die für Industriekonzerne aggressive Schad- und Giftstoffe klammheimlich auf wilden Deponien kostensparend ablagern.)[23]
Der Pförtner notiert die Namen auf einem Passierschein und stempelt die Uhrzeit darauf. Einen Durchschlag behält er zur hauseigenen Kontrolle. Im Fahrstuhl ein Knopfdruck ,,5. Stock'', ein dezentes Surren, und wir stehen in der BILD-Etage. Mein Puls jagt, und im Hals würgt es. Alf zeigt mir die Toilette. Ein letzter prüfender Blick in den Spiegel. ,,Nein, ganz unbesorgt, das bin ich nicht, der mir da entgegenstarrt.'' Im folgenden Einstellungsgespräch höre ich mich reden, als stünde ich neben mir; verwundert, erschrocken und in ständiger Furcht, erkannt zu werden. Wirklich, ich bin ein schlechter Schauspieler, so viel falsche Töne, so aufgesetzt, das kann doch nicht gut gehen. Aber auf den Redaktionsleiter scheint es Eindruck zu machen, er scheint kein besserer Schauspieler zu sein als ich. Diese gestelzten Floskeln und übertriebenen Redewendungen sind hier Umgangston. Die neuen Kontaktlinsen[24] brennen in den Augen. Sie sind noch Fremdkörper. In der Nacht davor habe ich nur dreieinhalb Stunden geschlafen. Die verfluchten Dinger wollten nicht raus. Ich beherrsche die Technik des Herausnehmens noch nicht, quetschte am Augapfel, bis die

Äderchen platzten. Jetzt tränen die Augen. Ich weiche dem prüfenden Blick des Redaktionsleiters aus. Er mustert mich unentwegt. Oder hat er einen Verdacht? Ich versuche, mich mit einer Episode vom Vortag zu beruhigen: Da trieb ich mit einem Bekannten, einem Landwirt, der mich vor zwei Monaten zuletzt gesehen hat, ein grausames Spielchen als Training, um sicher zu werden. Ich sagte ihm, ich käme von der Kripo, Rauschgiftdezernat, und ginge einer Anzeige gegen ihn nach.[25] Mitten in seinen Feldern würde er Canabis zur eigenen Haschischherstellung anbauen.[26] Jetzt würden wir ihm das Handwerk legen. Er hatte mir vor einigen Monaten von derartigen, allerdings mißlungenen Versuchen erzählt. Er erkannte mich nicht, nahm mir den Kripobeamten ab.[27]

,,Mein Name ist Schwindmann, bitte, behalten Sie Platz.'' Der Redaktionsleiter hat uns von seinem Schreibtisch und Aufsichtsplatz im Großraumbüro in sein angrenzendes Chefdomizil geleitet. Es verrät keine persönliche Note, hat keine besonderen Kennzeichen. Unpersönlich, wie eine Schaufenstergarnitur. Eine Flasche ,,Remy Martin''[28] steht auf seinem klotzigen Schreibtisch. Daneben ein Fernseher.

Schwindmann stürzt sich zunächst auf Alf: ,,Nun, wie ist's? Willst du nicht wieder bei uns *einsteigen*?[29] Das Angebot auf Festeinstellung[30] gilt noch.'' Alf (bestimmt): ,,Nein, vielen Dank, Herr Schwindmann, ich möchte lieber mein Studium zu Ende bringen.'' Er lügt, um Schwindmann nicht zu brüskieren. Alf sieht sich nach zwei Jahren BILD-Arbeit außerstande, weiterzustudieren. ,,Ich brauche ein, zwei Jahre, um wieder zu mir zu kommen'', hatte er mir gesagt. Alf bringt mich ins Gespräch: ,,Dafür möchte ich Ihnen Hans Esser, einen früheren Studienkollegen, als meinen Nachfolger vorschlagen.'' Schwindmann: ,,Dann schießen Sie mal los und erzählen etwas über Ihren Werdegang.''

Hans Esser: ,,Von Herrn Breull erfuhr ich von der Möglichkeit, unter Umständen hier in seinen Fußstapfen anfangen zu können. Ich will mich verändern, bisher habe ich in der Werbung gearbeitet.''

Schwindmann: ,,Und wieso gerade Journalismus?''

Hans Esser: „Ich glaube, daß ich aufgrund meiner ganz speziellen Fähigkeiten — ich habe vor allem als Texter kurze prägnante Werbesprüche entworfen, — hier einen nahtlosen Übergang zum Journalismus herstellen kann. Ich sehe bei BILD das gleiche Prinzip wie in der Werbung: verkürzte Aussage, durch Weglassen das Beabsichtigte herausmeißeln, in einer Kürzestfassung das Einprägsamste sagen.[31] In der Werbung arbeiten wir mit vorher genau ausgetüftelten Kampagnen, um neue Produkte auf den Markt zu werfen. Nach dem Muster: a) Verwirrung stiften, b) Probleme herausarbeiten, c) Lösung der Probleme anbieten.[32] Ich habe BILD immer schon mit einiger Bewunderung gelesen."

Schwindmann scheint angetan: „Interessant, wie Sie das sehen. Haben Sie denn auch schon direkt im Journalismus gearbeitet?"

Hans Esser: „Ja, hier und da schon, aber mehr als Zulieferant mit Halbfertigprodukten.[33] Andere haben den Stoff dann im Fernsehen ausgebaut und mit ihrem Namen versehen. Mich gibts von daher gesehen im Journalismus gar nicht."

Schwindmann: „Das ist natürlich eine unangenehme Situation. Sie haben bei uns die besten Voraussetzungen, wenn Sie wirklich voll bei uns *einsteigen* und sich ganz unserer Sache verschreiben."

Hans Esser: „Wichtig für mich ist, daß ich's nicht nur vom Schreibtisch aus mache. Ich bin eigentlich kein Schreibtischmensch. Ich habe Ambitionen rauszugehen, ins Geschehen reinzugehen, Reportagen vor Ort zu machen und mich der Wirklichkeit auszusetzen, auch ruhig mal im Dreck zu wühlen, wenn's sein muß und anders nichts herauszuholen ist. Ich glaube, man kriegt dann auch viel mehr mit. Ich schreibe am liebsten über Dinge, die ich kenne und über Menschen, die ich gesehen habe."[34]

Schwindmann: „Es ist ja schon sehr viel wert, wenn jemand das Material, was er so auf den Tisch kriegt, schreiben kann. Und da das ja alles keine Geheimnisse sind, die wir hier *verbraten*,[35] müßte sich das ja lernen lassen."

Hans Esser: „Ja, auch wenn es erst mal eine Durststrecke

ist.[36] Ich rechne auch nicht damit, daß ich mich von heute auf morgen so grundsätzlich umstellen kann."

Schwindmann: „Das haben Sie in ein paar Monaten spätestens drauf. Das geht Ihnen so in Fleisch und Blut über,[37] unser BILD-Stil, daß Sie gar nicht mehr anders können. Alf Breull ist das beste Beispiel dafür. Es hat sich anfangs einiges bei ihm dagegen gesträubt. Und nach vier Monaten wars, glaub ich, bei Dir, ist der Groschen gefallen und seine Geschichten standen wie eine Eins.[38] Waren ganz große Spitze!"

(Alf gelingt es nicht, auf das „Kompliment" etwa freudestrahlend zu reagieren.)

Schwindmann (aufmunternd zu mir): „Prima, jetzt erzählen Sie mir ein bißchen was über Ihr Privatleben. Sind Sie verheiratet?" ...

Er notiert: verheiratet, zwei Kinder. Name: „Hans Esser." Alter: „Ich werde 30." ...[39]

Reaktion: „Das ist ja ein gesegnetes Alter. Das ist ja fantastisch." Er notiert meine Hannover-Adresse (ein gemietetes Zimmer) und Telefon.

Schwindmann: „Wir suchen in der Tat − der Alf Breull hat das richtig gesehen − einen Mann, der schreiben kann. Natürlich auch einen, der recherchieren kann. Und von daher würde ich sagen, das ist für Sie eine Chance, hier groß bei uns einzusteigen. Am besten gleich mitkriegen, wie der Hase läuft."[40]

Hans Esser: „Ja, prima. Wann kann's losgehen?"

Schwindmann: „Am geschicktesten wäre es, wenn wir uns ein Thema überlegen, wo Sie gleich loslaufen könnten. Da wird uns schon irgendwas einfallen. Ja, das klingt alles recht vielversprechend, was Sie uns da erzählen."

Hans Esser: „Gibt es Möglichkeiten, nach einer gewissen Zeit, auf eine Festanstellung?"

Schwindmann: „Die Möglichkeit ist durchaus drin."[41]

Hans Esser: „Ist es nicht so, daß Sie die Planstellen alle langfristig besetzt haben?"

Schwindmann: „Die Dinge sind im Fluß und ganz abgesehen davon, daß immer mal wieder einer ausscheidet und dadurch eine Planstelle frei wird, ist es einfach so, daß wir uns erweitern müssen.''

Hans Esser: ,,Wie sind die Chancen, 50 : 50?''

Schwindmann: ,,Da würd ich mich nicht festlegen wollen. Das kann mal von heute auf morgen sein. Herrn Breull wollten wir immer *einkaufen*, aber der wollte ja nicht. Die Chance ist ihm ja lange genug offengehalten worden. Das kann genausogut bei Ihnen sein.''

Hans Esser: ,,Es muß ja nicht gleich sein, ich habe eine gewisse Rücklage und will das wirklich hier systematisch aufbauen.''

Schwindmann: ,,Wenn Sie hier wirklich gut einsteigen, dann ist es sowieso für Sie keine Durststrecke. Da hat ja auch der Breull bei uns ganz gut verdient. Da liegt man als Fester unter Umständen noch drunter.[43] Wir verlangen allerdings auch Totaleinsatz. Und wir gehen mit harten Bandagen ran.[44] Wir sind hier in keinem Mädchenpensionat. Das werden Sie sehr schnell merken. Das müssen Sie alles in Rechnung stellen. Obwohl die Hälfte der Mannschaft hier in der Redaktion im Status der Freien ist. Was glauben Sie denn, welche Themen Ihnen liegen?''[45]

Hans Esser: ,,Erst mal gehe ich von der Voraussetzung aus, alles ist ein Thema und überall steckt eine Geschichte drin. Fragt sich nur welche! Das herauszufinden ist, glaube ich, die Kunst. Und das will ich hier ja gerade lernen. Ich würde mich also gar nicht so unbedingt von vornherein festlegen wollen.''

Schwindmann: ,,Und wo würden Sie sich am stärksten hingezogen fühlen?''

Hans Esser: ,,Geschichten aus dem menschlichen Bereich. Auch ganz kleine, scheinbar nebensächliche Dinge, die auf der Straße liegen, haben oft eine große Bedeutung, je nachdem wie man sie herausstellt. Und gerade BILD lebt ja von solch scheinbaren Nebensächlichkeiten, die dann groß aufgemacht[46] werden. Ich würde es als meine Aufgabe ansehen, sehr ins Detail zu gehen und auch viel mit Menschen zusammenzusein, über die man nachher schreibt.''

(Während dieser Ausführungen wohlwollendes Kopfnicken und allgemeine Zustimmung von Schwindmann.)

Hans Esser: ,,Ich hab Psychologie studiert, ich bin ein guter Menschenkenner."

Schwindmann: ,,Erzählen Sie mal ein bißchen Ihren Werdegang. Sie haben also Abitur gemacht?"

Hans Esser: ,,Ja, ich war danach dann freiwillig bei der Bundeswehr, ich war bei der psychologischen Kriegsführung."[47]

Schwindmann: ,,Psychologische Kriegsführung, das ist stark. Das ist ja Spitze."

Hans Esser: ,,Und ich hab darauf mein Studium aufgebaut. Psychologie und dann etwas Betriebswirtschaft. Und auch im Betrieb des Vaters eine Zeitlang gearbeitet, und nach dessen Tod hat mein Bruder den Betrieb übernommen, und ich hab mich auszahlen lassen. Und hab dann für eine Werbeagentur gearbeitet. Gleichzeitig aber auch schon mal Dialoge fürs Fernsehen gemacht. Nur, es hat mich immer mehr unbefriedigt gelassen; die Ideen haben gezündet, hatten Erfolg, nur, ich war als Schreiber gar nicht existent. Ich muß zugeben, ich hab da auch einen gewissen Ehrgeiz."

Schwindmann: ,,Aha, aha, aha, es ist ja seltsam, daß das Fernsehen so den Deckel draufhält auf Talenten. Was für uns ja überhaupt nicht zutrifft, denn wer bei uns arbeitet und schreibt, der unterzeichnet auch mit seinem vollen Namen dafür. Hans Esser, klingt doch gut. Kurz und prägnant. Wenn auch die Artikel so sind, dann sind Sie unser Mann."

Hans Esser: ,,Ja. Esser, wie Messer."

Schwindmann stimmt ein herzhaftes verstehendes Lachen an, das von einem Telefonat unterbrochen wird:

Schwindmann (am Telefon): ,,Ja, ja, ja, oh, ja, ja, ja, irre, mh, okay, wunderbar, klasse, prima, danke, tschüß."

Schwindmann: ,,Warum kommen Sie auf die BILD-Zeitung? Weil Sie Alf Breull gut kennen?"

Hans Esser: ,,Nicht nur deswegen. Das wäre zu einfach. Ich glaube, daß BILD die perfekteste Zeitung ist, da sehe ich auch den nahtlosen Übergang von meinen bisherigen Erfahrungen bei der Werbung. In dieser äußerst knappen und verkürzten Darstellung steckt doch bei BILD in fast jeder Aussage eine Werbeidee. Auch bei uns in der Werbung verschwenden wir ja

49

kein unnützes Wort und nutzen den knappen und teuren Platz, um mit möglichst wenig Worten den Konsumenten am effektivsten zu motivieren.''

Schwindmann: ,,Ja, prima, Herr Esser. Ich sehe, Sie gehen den Dingen auf den Grund. Wenn Sie dann auch noch flott und locker die Sachen runterschreiben, und wenn's drauf ankommt knallhart,[48] alles andere muß sich dann aus dem Zusammenarbeiten hier in der Redaktion ergeben. Ich glaube eigentlich, dann sollten wir schon mal richtig einsteigen.''

Hans Esser (kleinlaut): ,,Wenigstens mal versuchen.''

Schwindmann: ,,Ich hoffe, daß mir auf die Schnelle irgendein Thema für Sie einfällt, da können Sie dann gleich rangehen. Okay, das wär's dann.''

Ich soll also ,,einsteigen'', um ,,knallhart'' zu ,,verbraten''. Wenn ich ,,knallhart'' genug ,,eingestiegen'' bin und verbraten und verkauft habe, soll ich später die Chance erhalten, selber ,,eingekauft'' zu werden.[49] Der Jargon erinnert an die Ganovensprache: Dreh'n wir zusammen 'n Ding! Steigste mit ein. Und wenn das Ding gedreht ist, kaufen wir dich zur Belohnung samt Beute mit ein.[50] Überhaupt, wie formlos das ganze Einstellungsgespräch abläuft. Ich wundere mich. Weder Unterlagen noch Papiere werden zur Vorlage verlangt. Aber auch hierin scheint eine höhere Logik zu liegen.

Etwa die Hälfte der Kollegen hier arbeitet nach diesem Status als Freie. Vogelfreie![51] Sie kommen in der Regel früher und sind oft die letzten, die gehen. Sie haben keinen schriftlichen Vertrag, keinen Urlaubsanspruch, keine Sozialleistungen, keinen Kündigungsschutz. Sind auf Gedeih und Verderb der Willkür des Redaktionsleiters ausgeliefert[52] und von seiner Gunst abhängig. Sie stehen in einer unheimlichen Konkurrenz zueinander.

Schwindmann weist mir einen vorläufigen Arbeitsplatz in der Großraumredaktion zu. ,,Da ist im Moment der Platz von der Eleonora frei, neben der Edeltraut, gegenüber vom Hai.''

50

Schwindmann hat mich auf ein ,,Evergreen-Thema" angesetzt. ,,Die Kleingärtner." – ,,Jeder sechste unserer Leser kreucht[53] im eigenen Garten herum."

zensiert[54]

c

„Bei Sturm schwappt das Wasser aus der Badewanne"

BILD lebt von Superlativen. Das Größte, Kleinste, Ärmste, Reichste, Dickste − was sich so nennen läßt, ist eine BILD-Geschichte.

Ein einziges Mal während meiner Zeit in Hannover erlebe ich, daß Schwindmann selber schreibt. Anläßlich einer Opern-Aufführung „Rigoletto" − von den anderen Zeitungen positiv besprochen −, brach sein Temperament mit ihm durch: „Was mit der Peitsche hätte einstudiert werden müssen, bleibt lasch und ohne Energie." [1]

Ich weiß bald, was ich zu tun habe. Schon an meinem zweiten Arbeitstag biete ich einen Superlativ an: das höchste Haus Hannovers. Irgendwo habe ich gelesen, daß Kinder, die in Hochhäusern wohnen, besonders aggressiv werden, weil sie keine Spielmöglichkeiten haben. Mein Arbeitstitel heißt: Wie lebt man in Hannovers höchstem Wohnhaus. Die Idee wird sofort akzeptiert. Ich werde losgeschickt.

Nun leben aber in den oberen Etagen dieses Hochhauses gar keine Kinder, sondern nur kinderlose Pärchen und Alleinstehende. Dafür stehen vierzig Prozent der Wohnungen leer. Das Haus, dessen Erstellung durch eine holländische Gesellschaft die Stadt Hannover durch finanzielle Erleichterungen gefördert hat, ist völlig an den Bedürfnissen der Bewohner vorbeigebaut.[2] Die obersten Stockwerke mit ihren herrlichen Penthouses und Appartments stehen zum Teil schon seit Jahren ganz leer, die vielen Wohnungssuchenden können natürlich keine 450 000 Mark für eine Eigentumswohnung ausgeben.

Weil diese Wohnmaschine nun also halb leer steht, gerät die Baugesellschaft finanziell in die Klemme.[3] Sie muß an allen Nebenkosten, wie Heizung und Pflege, sparen. Und so ist dieses ziemlich neue Hochhaus schon am Verkommen.[4]

Das ist die Geschichte, die ich recherchiert habe, die wirkliche Geschichte vom höchsten Haus Hannovers. Doch es sollte nicht die BILD-Geschichte sein. Der Redaktionsleiter schickt mich noch mal hin, um mit einigen Prominenten zu reden, die dort wohnen. Da gibt es zum Beispiel einen Fußballspieler — aber der ist nicht da. Dann ein Fotomodell, das schon einmal in BILD gezeigt worden ist. Als ich komme, zieht sie sich gleich ihr exotischstes Kleid an, und ihr Freund sorgt dafür, daß sie sich in fotogene Pose setzt, damit ihr Bild vielleicht noch mal in BILD erscheine. Ich frage auftragsgemäß, was es denn — da es nun mal keine Kinder in diesen hohen Etagen gibt — sonst hier oben Besonderes gebe. Der Freund des Fotomodells — seine Zitate werden später ihr in den Mund gelegt[5] — erzählt, daß sich bei Sturm manchmal der Kronleuchter bewegt, daß die Gläser in den Schränken zittern. Der Mann, ein Beamter, der nicht genannt werden will, hat den richtigen BILD-Instinkt und bejaht auch sofort meine Frage, ob sich denn dann auch stehendes Wasser kräusele.[6]

Zurück in der Redaktion schreibe ich dann zunächst ein langes Manuskript, um doch noch einiges von dem unterzubringen, was ich bei meinem ersten Besuch im Hochhaus erfahren habe. Der Redaktionsleiter liest es und meint: ,,So nicht, Sie müssen mit einem Kontrast anfangen ... Aber das lernen Sie noch.'' Und dann legt er los, richtig lyrisch: ,,So lebt man in Hannovers höchstem Haus: Bei Sturm schwappt das Wasser aus der Badewanne. Zu den Füßen ein glitzerndes Lichtermeer und darüber ...''[7]

Das Wasser kräuselt sich, ,,das Wasser schwappt aus der Badewanne'' — es geht blitzschnell, eine Umdrehung mehr, und aus der Wahrheit ist die BILD-Geschichte geworden, das Aufregende, das Prickelnde.[8] Der Superlativ: Das höchste Haus. Der Kontrast: Ein traumhafter Blick und ein überschwemmtes Badezimmer. Die handelnde Person: Ein Fotomodell. Das ist das Strickmuster.[9] Man lernt schnell, daß ein Kontrast kein Widerspruch sein darf. Ein Widerspruch wäre gewesen: Von der

Stadt, von den Steuerzahlern gefördert – von ein bißchen Schickeria genutzt, ansonsten dem Verfall preisgegeben. Widerspruch löst Gedanken aus, der Kontrast bloß Stimmungen.[10]

> „BILD ist auch ein Mittel gegen Langeweile, hilft über das Unvermögen hinweg, mit der Welt, die einen umgibt, etwas Vernünftiges anzufangen."[11]
> (aus einer vom Springer-Verlag herausgegebenen Analyse der BILD-Zeitung)[12]

Was schließlich gedruckt wird, ist eine Farce, die in jedem anderen Umfeld als dem der BILD-Zeitung auch als solche erkennbar wäre. Die Wahrheit, so erfuhr ich, als ich meine ersten Recherchen vortrug, war für BILD „zu düster".

Kälteeinbruch

Auf Bartz[1] aber reagiert Schwindmann immer aggressiver. Eines Tages hat er eine Information aufgeschnappt, in Mallorca gebe es einen Kälteeinbruch, die Urlauber säßen dort statt in südlicher Sonne im Unwetter. Er dichtet schon die Schlagzeile: ,,Chaos, Regen, Hagel". Nun muß nur noch jemand zum Flughafen, um ein paar zurückkehrende Urlauber zu befragen. Es trifft Michael Bartz.

Die erste Maschine mit Mallorca-Urlaubern trifft ein, alle braungebrannt, mit strahlenden Gesichtern. Bartz sagt: ,,Ich komme wegen der Unwetter und der Kälte, wegen des Urlaubs, der ins Wasser gefallen ist."[2] Der erste Urlauber antwortet: ,,Unwetter und Regen gab's nicht, nur tolle Sonne." Bartz bleibt dabei, glaubt dem Redaktionsleiter und seinen Informationen immer noch: ,,Aber wir wissen, daß es so war, wir haben Meldungen von unseren Korrespondenten. Vielleicht waren Sie gar nicht in Mallorca?" Doch, die Maschine kommt aus Mallorca, und auch die anderen Heimkehrer erzählen nur von strahlender Sonne. Bartz gibt's auf. Er ruft Schwindmann an: ,,Herr Schwindmann, da war nichts mit großem Unwetter und Kälte,[3] die sind alle ganz braungebrannt." Schwindmann läuft langsam an: ,,Fragen Sie noch mal, stellen Sie sich nicht so blöde an!"[4]
Bartz wartet die nächste Maschine ab. Wieder nur Sonnengebräunte. Einer der Touristen, ein geförderter Marathon-Läufer, erzählt ihm, an einem Tag habe er mal in einer Bar gesessen. Mit diesem Detail kommt Bartz zurück in die Redaktion. Schwindmann macht daraus:

Stocksauer und enttäuscht – Urlauber, die aus der Kälte kamen

Sie erlebten auf Mallorca die tiefsten Temperaturen seit 30 Jahren

Hannover, 4. April. **Sie kamen vom Regen in die Traufe: Hunderte von Hannoveranern weilten dem kühlechen Nachwinter der letzten 14 Tage entflohen und den Frühling in Spanien genießen. Am Wochenende kehrten sie nach Hause zurück – stocksauer! Regen, Schnee und Kälte hatten ihre Nerven strapaziert. Im sonnigen Süden schwankten meist um vier Grad, nachts gab's sogar empfindlichen Bodenfrost.**

Die Meteorologen bestätigten: So kaltes Wetter in Mallorca (vier Grad), Ibiza (fünf Grad) oder Madeira (vier Grad) gab es seit 30 Jahren nicht mehr!

Flug AO 3026 aus Palma de Mallorca kommt mit zweistündiger Verspätung in Langenhagen an.

Die Stimmung der Rückkehrer: ist mies. Felizitas Fricke (50, Hausfrau) aus Sarstedt: „Zum Glück hatte ich zwei warme Sachen mit. Den Spaß auf den ich mich so gefreut hatte, war für mich den

vergessen. Statt dessen besuchte ich das Museum und Schloß Bellive in Palma!"

Nicht weniger schimpft Willi Wetzel (42), Busfahrer, aus Algorve: „Vor lauter Kälte habe ich Marathonlauf trainiert. Dabei war mir wenigstens warm. Schon am Nachmittag drückte ich mich in Tito's Night-Club auf Mallorca rum."

Für die Familien mit Kindern war es besonders schlimm. Alwin Kippel (36), Kaufmann: „Für meine Familie war das der Jahresurlaub. Als wir wegluh Regen! in Mallorca Re-

gen! Und nun auch Regen in Hannover."

Betroffen waren alle Urlauber der spanischen Mittelmeerküste – ob Algorve, Madeira oder Mallorca

Sissi Geese (30), Stewardeß bei Inlair: „Eine alte Dame mit Rückflug aus Ibiza hatte Tränen in den Augen. Sie hatte zwei Jahre gespart – und nicht als

Übrigens: Seit gestern scheint auf Spaniens Mittelmeerinsln die Sonne. Temperatur: 18 Grad! Wenn das kein Grund zum Ärgern ist.

Alwin Kippel (36):

Regen, Regen und nochmals Regen! Das war nun der Jahresurlaub seiner Familie. Erst bei der Abreise wieder Sonne – mehr Pech gibt's nicht!

Felizitas Fricke (50):

Zum Glück hatte sie wenigstens warme Sachen mit. Sie tauschte Strand gegen Museum

Willi Wetzel (42):

„Ich hielt mich nur mit Marathonläufen warm. Nach dem Mittagessen war ich nur noch in den Bars von Palma zu finden. Erholt habe ich mich nur wenig."

Willi Wetzel, BILD-Geschädigter[6] und mit 2 Stunden 24 Minuten einer der besten Marathon-Läufer der Bundesrepublik, wundert sich im nachhinein:

„Warum machen die sich überhaupt die Arbeit und fragen einen noch, wenn sie doch schon vorher wissen, was sie schreiben wollen. Das hätten die sich doch sparen können, extra einen zum Flughafen raus zu schicken.[7] Die hätten doch gleich den erfundenen Text drucken können. – Es war ein herrlicher Urlaub, 24–30° C, so daß wir oft ins Landesinnere gefahren sind, weil es uns am Strand zu heiß war. Es hat nie geregnet. Für mich als Marathonläufer war es ein Trainingsurlaub auf Mallorca, und ich trainierte täglich. Wäre es so kalt gewesen, wie in BILD beschrieben, hätte ich mein Training nicht in diesem Umfang absolvieren können, das wäre für die Muskeln nicht gut gewesen. Daß ich mich wegen Regen und Kälte im Nightclub rumgedrückt hätte, ist ebenfalls eine glatte Lüge.

Ich war ein einziges Mal dort, nämlich im Rahmen eines im Neckermann-Reiseprogramm inbegriffenen Gemeinschaftsbesuchs.[8] Bekannte und befreundete Sportler haben sich anschließend über mich lustig gemacht: ‚Du alter Säufer! Und du erzählst uns, du hast dort trainiert.‘

Die ‚arme, alte Dame‘, von der in BILD die Rede ist, die angeblich mit Tränen in den Augen zurückkehrte: ‚Zwei Jahre gespart und nichts als Regen‘, ist eine gute Bekannte von uns. Sie ist recht wohlhabend, hat sich prächtig erholt und fährt im Frühjahr wieder dorthin. Wir sind alle knackig braun und fröhlich zurückgekehrt, das läßt sich sogar auf den Schwarzweiß-Fotos in der BILD-Zeitung noch erkennen. Ich meine, von der BILD-Zeitung erwartet man schon gar nichts anderes mehr. Allein in meinem Bekanntenkreis kenne ich drei, denen von BILD die Worte im Munde herumgedreht worden sind.[9] Der Ausspruch: ‚Er lügt wie gedruckt!‘,[10] ist der eigentlich mit Erscheinen der BILD-Zeitung entstanden?"

„Den gibt's glaube ich schon länger", antworte ich Herrn Wetzel, „aber bei BILD wird er täglich neu ‚aktualisiert'."

Unter den Hannoveraner Mallorca-Urlaubern waren bestimmt einige hundert BILD-Leser. Zwar bekamen sie da unten nur die Bundes- und nicht die Lokal-Ausgabe,[11] insofern war Schwindmann dagegen gefeit, daß der Schwindel an Ort und Stelle entdeckt wurde.

Schwindmann mußte aber fest damit rechnen, daß viele Rückkehrer von daheimgebliebenen BILD-lesenden Freunden und Verwandten nach dem Unwetter gefragt wurden. Wenn Alfred K. aus Düsseldorf von einem zwölf Meter hohen Bohrturm fällt, weich landet und die Nationalhymne singt, kann das keiner nachprüfen.[12] Aber in diesem Fall liefen die lebenden Gegenbeweise hundertfach strahlend braun durch Hannover... Woher nahm Schwindmann diese Chuzpe?[13] Ganz einfach: BILD-Leser sind für ihn keine ernstzunehmenden Menschen. Entweder glauben sie eher an eigene Sinnestäuschung als daran, daß BILD lügt. Oder sie wissen, fühlen, ahnen, daß BILD lügt, und können doch nicht von BILD lassen. Sie sind abhängig, süchtig. Der Drogencharakter von BILD ergreift natürlich nicht nur die Konsumenten, sondern zeitweilig auch einige der Produzenten. Im Fall ,,Unwetter auf Mallorca'' beispielsweise hatte sich Schwindmann an seiner Idee, die große Schadenfreude der Nicht-Urlauber auszulösen, und an seinem Aufmacher schon völlig besoffen,[14] bevor er Bartz überhaupt losschickte. Nachher, als das Unwetter einfach ins Wasser gefallen war, konnte er von dem Trip nicht mehr runter.[15] Der Kollege Michael Bartz war weder zynisch genug einfach zu lügen, noch so ,,genial'' (was in diesem Fall nichts anderes heißt als: kaputt), an seine eigenen Lügen glauben zu können. So mußte er zum Spielverderber in dieser Redaktion werden, der mit seiner sturen Moralität immer wieder dann das Licht anknipste, wenn die Party gerade gemütlich zu werden begann.[16] Entsprechend wurde er behandelt, entsprechend litt er.

So wenig BILD mit dem zu tun hat, was nach Tradition und Wissenschaft als Zeitung gilt, so wenig ist der BILD-Leser ein Zeitungsleser. Er erwartet, sieht man mal von den Bundesliga-Ergebnissen ab, weder Information noch aufklärenden Kommentar, also nichts was mit dem Kopf zu fassen wäre, sondern

Stimmung und Unterhaltung, Erhebung und Schauder. Nicht erhellt soll der BILD-Leser werden, er soll sich für 35 Pfennige Emotionen kaufen, Stimulantien, Ersatzdrogen.[17]

> „Die Attraktivität der Zeitung BILD ist ungeheuer groß: Man braucht diese Zeitung, ihre Reize, ihre Anregungen, ihre Provokationen und ihren Schutz. Man wehrt sich gleichzeitig gegen die Abhängigkeit von dieser Zeitung, man kritisiert sie, man verwirft sie, man lehnt sie ab. Man erliegt am Schluß doch dem ‚Faszinativum BILD‘, man kann eben ohne diese Zeitung nicht auskommen – man muß BILD lesen!“
> (aus einer vom Springer-Verlag herausgegebenen Analyse der BILD-Zeitung)

> „Für die Leser liegt eine wesentliche Funktion der BILD-Zeitung darin, daß sie signalisiert, welche Dinge, welche Ereignisse und welche Meinungen für den jeweiligen Tag von Bedeutung sind. In diesem Sinne schafft die BILD-Zeitung öffentliche Meinung, beeinflußt sie die öffentliche Meinung, liefert sie die Stereotypen des Gesprächs und der Diskussion für Millionen von Menschen!“
> (aus einer vom Springer-Verlag herausgegebenen Analyse der BILD-Zeitung)

Vom „Stadtschwein" und vom „Landschwein"[1]

Anfangs wurde mir gesagt, daß ich 1 Mark pro Schreibmaschinenzeile bekomme. Ich mußte dann schnell feststellen, daß mir der Redaktionsleiter völlig unterschiedliche Beträge in die Honorarkarte einträgt, die Differenz liegt zwischen 100 und 300 Prozent. Dies System wirkt disziplinierend, erzeugt Konkurrenz und Leistungsdruck unter den freien Mitarbeitern. Manch „Freier" arbeitet zwölf oder gar vierzehn Stunden und erreicht damit höhere Einkünfte als ein „Fester". Das ist freilich Selbstbetrug. Wer bei der Prüfung seiner Monatsabrechnung Überstunden und Feiertags-Schichten in Anrechnung bringt, erkennt schnell, daß sein Stundenlohn unter dem eines Akkordarbeiters liegt.[2]

Man ist auf Gedeih und Verderb von Schwindmanns Gnade abhängig. Wenn er befindet, „da seh' ich die Geschichte nicht", ist das Thema *gestorben*. Umgekehrt ist er so frei, tatsächlich Geliefertes auch mal nicht zu honorieren.[3] Zum Beispiel werden mir zwei Fotos trotz mehrmaliger Nachfrage nicht honoriert. Mein naives, beharrliches „Das steht mir doch zu" reizt Schwindmann schließlich derart, daß er auf die sogenannten „freiwilligen" Leistungen verweist und droht: „Was heißt hier ‚Das steht dir zu'? Ich kann hier viel wieder streichen!"

Absolutismus Anno 1977.[4] Es kommt vor, daß Schwindmann Manuskripte vor aller Augen zerreißt, wobei er brüllt und knallrot anläuft. In solchen Situationen kann jede Widerrede den Job kosten. Wie unserem Ressortleiter für Lokales,[5] Gustav von Sylvgnadt. Ihn brüllt Schwindmann an: „Wenn Sie nicht auf der Stelle die Redaktion verlassen, lasse ich Sie von der Polizei entfernen!" Niemand weiß so recht, worum es geht, keiner wird nach seiner Meinung gefragt. Alle ducken sich und sind froh, daß es sie nicht trifft. Sylvgnadt wird durch die mobile Feuerwehr,[6] den Chefreporter von BILD-Hamburg, ersetzt. Eine Redakteurin, die mit dem Geschaßten privat befreundet war, hat sich schon am Tag darauf auf die neuen Machtverhältnisse eingestellt. Sie verliert kein Wort mehr darüber. Eine wichtige Rolle im Prozeß der Unterwerfung und Anpassung spielt das Großraumbüro. Hier werden die Konkurrenzkämpfe auf offener Bühne ausgetragen. Keinen Augenblick ist man allein und unbeobachtet, es gibt immer Zuhörer und Zuschauer. Die Regulierungskräfte eines Großraumbüros bringen jeden Abweichler wieder auf Linie.[7] Jeder kontrolliert jeden, und alle werden vom Chef kontrolliert, der übers Großraumbüro herrscht. Dieser Chef, der Redaktionsleiter, ist der Mann mit dem BILD-Instinkt. Er drückt dem Blatt den Stempel der Zentrale auf. Der Redaktionsleiter gibt die Richtung an, die dann Sach- bzw. Schreibzwang wird.[8] (Die Springer-Ideologie hat jeder zusätzlich im Hinterkopf.) Er bestimmt das Tempo, den Ablauf, die aktuelle politische Richtung, die tägliche Arbeitsatmosphäre. Wenn ich ihm das Manuskript vorlege und vor seinem Schreibtisch antrete, kommen alte Schulängste wieder in mir hoch. Er läßt einen warten, beginnt dann mit dem Lesen, redigiert, korrigiert, streicht, stellt Fragen. Wenn was gegen die BILD-Masche verstößt,[9] ,,sieht'' er ,,die Geschichte nicht''. Darauf stellt man sich natürlich ein. Verinnerlichen heißt das auf Soziologisch.[10] Sein Kommentierungsmuster bleibt durchgängig unverändert: Nichts ist ihm triefend, schnulzig, verdreht, übertrieben genug, vieles ist ,,zu nachrichtenhaft'', ,,zu sachlich'', hat ,,zuwenig Pep'', alles muß auf den einfachsten Nenner gebracht werden, alle Widersprüche müssen im nächsten Satz aufgelöst werden.[11] BILD läßt keine Fragen offen.

Ansätze solidarischen Handelns versickern, werden durch die Arbeitsbedingungen untergraben. Wenn fünf Wochen vergeblich versucht wird, einen gemeinsamen Abend-Treff zu organisieren, ist sogar bei den ,,Freien'' die Luft raus.[12] Und die hätten Einigkeit am nötigsten.

Friedhelm Borchers, Mitglied einer Vertriebenen-Organisation, Funktionär der Jungen Union,[13] will für eine langgeplante Sternfahrt mit dem Fahrrad nach Gotland[14] zwei Wochen Urlaub haben. Schwindmann: ,,Bist du hier, um Ferien zu machen, oder um zu arbeiten?''

Borchers ist seit Monaten im Einsatz, nahezu ohne einen freien Tag. Er wird zum Notdienst sonnabends eingesetzt, ist täglich von morgens 9, 10 Uhr bis in die Nacht in der Redaktion. Es scheint, Schwindmann will ihn auf seine Art ,,fördern'', um ihn BILD-gerecht zu formen.[15] Denn Borchers legt nicht die abverlangte Härte und Kaltschnäuzigkeit an den Tag, dreht die Geschichten nicht im erwünschten Sinn,[16] hat überhaupt etwas in gutem Sinne Provinzielles, was ihn in diesem Klima zu einer Art Trottel degradiert. Er hat nichts von dem hier eingefärbten, gespielt ,,weltmännischen'' Touch an sich, geht nicht mit der üblichen Nonchalance über alles hinweg.[17] Borchers ist es auch, der immer wieder den Mut aufbringt, ein Treffen der Freien vorzuschlagen, das − wie gesagt − nie zustande kommt, weil einige Angst haben, daß ihnen dieses Zusammensein als Vorbereitung einer Verschwörung ausgelegt werden könnte. Ich schätze den Menschen Borchers in seiner steifen, konventionellen Gradlinigkeit − trotz unterschiedlicher politischer Standorte.

Ich frage mich immer häufiger, was aus mir in einem derartigen Umfeld würde, hätte ich nicht meine ganz besonderen Erfahrungen, Prägungen und Orientierungen. Ich bin mir nicht so sicher. Aus einer gewissen spielerischen Leichtigkeit könnte hier schnell eine sich über alles hinwegsetzende Skrupellosigkeit werden, aus Überzeugungskraft Überredungskunst, aus Einfühlsamkeit Anpassungsfähigkeit und aus dem Überlisten von Stärkeren das Übertölpeln von Schwächeren.[18]

Niemand weiß, wie jemand dahin gekommen ist und ob er im abgesteckten Rahmen Widerstand übt. Eine vorschnelle, vordergründige politische Standortbestimmung hilft da nicht weiter, wie mich Friedhelm Borchers' Beispiel lehrt.[19]

„Sein letztes Kommando: Drei Jagdhunde"

Es ist unmöglich, in der BILD-Zeitung eine Satire zu schreiben. Man kann eine Geschichte noch so überspitzen, überdrehen, verzerren, verblödeln, veralbern, im Umfeld dieser Zeitung wird alles ernst genommen.

Ich bekomme den Auftrag, den Bundesgrenzschutzgeneral a. D.[1] Paul Kühne zu interviewen. Als er noch im Dienst war, hatte Kühne zur Auffrischung des Feindbilds[2] seinen Pressemajor in eine Offiziersuniform der „Nationalen Volksarmee"[3] gesteckt und mit ihm zusammen dem Rotary-Club in Einbeck und dem Lyons-Club in Hameln einen Ost-West-Einakter[4] vorgespielt. Ein Kühne-Spruch aus der aktiven Zeit: „Eine Straßenräumung oder Hausbesetzung zum Beispiel wäre eine Sache für den Bundesgrenzschutz; da würden wir ein bißchen härter draufschlagen." Innenminister Maihofer sagte über seinen BGS-General: „Der Kühne ist ein alter Haudegen. Es könnte einem angst und bange werden, wenn nicht ein liberaler Demokrat die Befehlsgewalt hätte."[5]

Mit einem Fernsehteam fahren wir raus zu ihm nach Einbeck. Seine erste Frage: „Wird die Geschichte auch über BILD hinaus[6] veröffentlicht?" Ich deute vage eine Zusammenarbeit von BILD und Quick an. Daraufhin Kühne: „Quick ist in Ordnung, steht ja immer noch Franz Josef Strauß dahinter. BILD ist ja auch unser Blatt, da weiß man, was läuft. Aber Stern, dieses Regierungsblatt. Übrigens, ich bin natürlich CDU-Mitglied, können Sie ruhig schreiben."[7]

Die Kamera läuft dann und ich frage diese funktionslose Figur aus: „Haben Sie mal Ihren Terminkalender da?" „Ja, Moment." „Was haben Sie die letzten 4 Wochen gemacht?"

Ein General spielt sich selbst
Der ehemalige Bundesgrenzschutz-Chef Paul Kühne erklärt BILD-Reporter Hans Esser vor der Kamera, wie er seine Jagdhunde erzieht.

Sein letztes Komm

Gern blättert General a. D. Paul Kühne (62) in diesem Buch. Es ist ein Erinnerungsgeschenk seiner Einheit

BILD-Hannover besuchte Gren

Von HANS ESSER

Hannover, 2. April

Einst unterstanden seinem Kommando 5000 Mann, jetzt befehligt er drei Drahthaarjagdhunde: „Bertus, Bingo und Bianka vom Grenzschutz." Der vor einem Jahr pensionierte Grenzschutzgeneral Paul Kühne (62), populär und anfechtbar gewordenen

durch sein „Ober.. de" bei der Hele katastrophe („me te Schlacht seit Weltkrieg") lebt einem großen, we galow in Einbe erzieht er seine ten Rassehunde g litärisch.

„Mein Nachbar, sitzende des Tiers

,,Am Donnerstag, dem 10.: 20.00 Uhr Panorama Reiterverein Hauptversammlung;[8] am Sonnabend, dem 12. März, Jagdessen mit den Jagdgenossen meines Reviers, um 11.00 Uhr war vorher schon 'ne Besprechung mit dem VW-Chef. Am 15. wieder Rotary-Club; am Mittwoch, dem 16., um 10.45 Uhr Offiziersschule Hannover; am Montag, dem 21. März, um 11.00 Uhr war das, 50. Geburtstag von Genscher,[9] in Bonn in der Beethovenhalle; am 22. März Besprechung in Hannover mit einem Herrn von der BP, hat nicht unmittelbar geschäftlich was zu tun ..."[10] Es geht noch zehn Minuten so weiter.

Dann gibt er noch eine Lesung aus dem Mitgliedskalender des Rotary-Clubs, ,,quer durch den Garten".[11]

Alles Geldleute: Gynäkologen, Tiefbauunternehmer, Brauereidirektor usw., ,,quer durchs Volk".

Als ich auch mal blättern will und nach der Kladde greife, zieht der General erschrocken sein Vereinsbuch an sich: ,,Das ist nicht rotarische Art."[12]

Ein Rotarier-General, der weiß, wem er zu dienen hat, der immerhin über einige Jahre das Oberkommando an der krisengefährdetsten Stelle des Landes[13] einnahm. Wenn man bedenkt ...

do: 3 Jagdhunde

General a. D. Kühne – Er rettete unsere Heide beim Großfeuer

eins in Einbeck, hat seine helle Freude daran."

Exgeneral Kühne ist passionierter Jäger und Mitglied in sechs Vereinen – vom örtlichen Reiterverein bis zum Rotary-Club. Seitdem er aufs Altenteil gesetzt wurde, hat er weniger Freizeit als je zuvor. ,,Mein Tag könnte dreimal so lang sein." Mit seiner Frau Annemarie (40) geht er oft

morgens um 6 Uhr schon auf die Pirsch. ,,Sie ist ebenfalls Jägerin und schießt das Niederwild."

Sein neuer Gefechtsstand ist der Einbecker Bungalow, Gartenstraße 13. ,,Den Garten habe ich selbst angelegt, Zäune errichtet und eine große Grube ausgehoben für die Karpfen im Winter", sagt der General. Trotz seiner

4000-Mark-Pension und ungeachtet des Besitzes mehrerer Pelzgeschäfte leistet er sich nur einen bescheidenen VW-Variant.

Sein großer Stolz ist sein zwölfjähriger Sohn Hubertus, der in die Fußstapfen des Vaters steigen möchte: Er will zum Bundesgrenzschutz. Als Hubschrauberpilot.

„Für die Leser hat die BILD-Zeitung ein unverwechsel-
bares Profil im Rahmen der übrigen Nachrichtenträger:
Sie ist eine Zeitung, welche die Belange des Volkes
wahrnimmt, welche die nationalen Interessen hoch-
hält, eine Zeitung, die weiß, was sie will und das auch
mit der notwendigen Härte und Aggressivität durch-
setzt."
(aus einer vom Springer-Verlag herausgegebenen
Analyse der Bild-Zeitung)

Im Bücherbord noch alte Nazi-Schinken. „Was haben Sie
zuletzt gelesen?" „Anne-Marie, welches Buch habe ich zuletzt
gelesen?" Wir einigen uns später offiziell auf Weizsäcker.[14]
Nein, er ist wirklich kein Stratege mehr. Sein letztes Oberkommando bei der Heidebrand-Katastrophe nennt er „meine
größte Schlacht seit dem 2. Weltkrieg". Und nahtlos weiter:
„Mein Nachbar, der Vorsitzende des Tierschutzvereins, hat
seine helle Freude an meiner Drahthaarterrierzucht."

Und so heißt nachher die BILD-Geschichte: „Sein letztes Kommando: drei Jagdhunde/BILD Hannover besuchte Bundesgrenzschutzgeneral a. D. Kühne. Er rettete unsere Heide."

Wir lachen so sehr über diese Satire, daß ich plötzlich Angst
bekomme. Was, wenn Kühne sich beschwert? Der befürchtete
Anruf kommt auch, aber – Kühne ist mein Freund! „Große
Klasse der Bericht, auch Brauereidirektor Dr. Lenz fand ihn
sehr gelungen. Das müssen wir unbedingt wiederholen."

Das Problem Satire existiert für die BILD-Zeitung nicht. Die
absichtsvolle Übertreibung oder Umkehrung von Realität, die
normalerweise zum Lachen reizt, kann dem BILD-Leser gar
nicht mehr auffallen, weil alle Realität in BILD bereits verdreht,
gekippt, umgekehrt erscheint.
    Noch ein Beispiel: Ich zitiere in BILD Seine Kaiserliche
Hoheit, Otto von Habsburg:[15] „Ich will gar nicht immer mit

‚Ihre Kaiserliche Hoheit' angeredet werden, das schafft so einen Abstand zum Volk, man kann auch einfach Dr. von Habsburg zu mir sagen." Keiner lacht. Weder ein Kollege, noch Schwindmann. Und Hoheit fühlen sich auch gar nicht veralbert.[16]

Ich rufe übrigens mal an und habe den depperten Verwalter, einen Erbgrafen von und zu, am Telefon, eine pompöse Null und ein unheimlicher Wichtigtuer, Adelsetiketten-Verwalter,[17] der an die 20 Sätze verbraucht, um das Problem zu lösen, wie und ob ein Foto von der Verlobung der ältesten Tochter des Hauses Habsburg zu beschaffen sei. Bei der 2. Sekretärin gelandet, nehme ich Otto beim Wort und verlange „Herrn Dr. von Habsburg". Es knackt in der Leitung: „Hoheit, Telefon für Sie!"

Der Mann hat sich überlebt? Immerhin, Strauß[18] hat eine Laudatio auf ihn gehalten, er selbst rühmt sich, für dutzende Zeitungen aus aller Welt – von Taiwan bis Brasilien – regelmäßig seine Kommentare zu schreiben, hat früher lange im faschistischen Portugal gelebt, wurde in Vietnam von den Amis rumgereicht, als adliger Berichterstatter, Stimmungskanone[19] an der Front. Jetzt schreibt er hin und wieder für BILD.

„Die Menschen brauchen jemanden, zu dem sie aufschauen können", ist seine Devise.

BILD braucht reaktionäre Adelsottos wie ihn „zum Aufschauenlassen" für die Leser. Bis zur Genickstarre![20]

Gemeinsam mit dem rechtsextremen Publizisten William S. Schlamm ist der Kaisersohn Herausgeber der „Zeitbühne".

„Daß sich auf der Rechten, mit der NPD,[21] endlich eine aufrichtige und unverfälschte Sammlung zu entwickeln beginnt, beweist die Gesundung der deutschen Demokratie...", schrieb Schlamm in Springers „Welt am Sonntag". Und Springer gehörte ebenso wie der Kaisersohn 1974 zu den Gratulanten an Schlamms 70. Geburtstag.

Springer an Schlamm: „Lieber William ... es ist gut, daß es Ihre mahnende Stimme gibt. Herzlich Ihr Axel Springer." Und wie schrieb Habsburgs Otto, von: „Sie, verehrter Herr

Schlamm, Sie haben nicht nur die letzten Tage des alten Reiches … miterlebt, sondern seinen Geist aufgenommen. … Kämpfen Sie weiter! … Sprechen Sie zu uns in wahrem, unverfälschtem Deutsch. Säen Sie weiter. Die Ernte wird aufgehn.''

Alles hat seinen Preis

Die sogenannte seriöse Presse macht allerlei Verrenkungen, um wenigstens den Schein zu wahren, Geschäft und Redaktion hätten nichts miteinander zu tun. Das ist schon darum wichtig, weil das Grundgesetz ja nicht die Freiheit des Handelns mit bedrucktem Papier oder das „anzeigenfreundliche redaktionelle Umfeld"[1] unter besonderen Schutz stellt, sondern die Freiheit der Meinung und der Information. BILD macht den Hokuspokus dieser „Seriösen" nicht mit. Hier wird jedes Geschäft mitgenommen, das am redaktionellen Wegesrand liegt.

Ich hatte über eine KFZ-Versicherung berichtet, die ihren Kunden Geld rückerstattete, so eine Art Prämie für nicht in Anspruch genommene Leistungen[2] (für die Versicherungen sind diese „Belohnungen" ein dickes Geschäft, weil die Autofahrer stimuliert werden, Leistungen sparsam bis gar nicht zu nutzen). Die Werbeabteilung einer anderen Versicherungsgesellschaft muß diesen Artikel gelesen haben, jedenfalls meldet sie sich bei BILD und fragt an, ob wir auch über ihre Rückerstattungs-Aktion schreiben würden. Schwindmann wird gefragt, er lehnt ab: „Nee, sehen wir gar nicht ein, ist ja schon mal gelaufen. Wir hatten sogar im Bund vor ein paar Tagen allgemein was über Ausschüttungen, ist für uns absolut nichts Neues mehr, machen wir nicht."

Ich gebe das an den Versicherungsmann weiter. Seine Reaktion: „Passen Sie mal auf, sagen Sie Ihrem Redaktionsleiter, daß wir 4000 BILD-Exemplare aufkaufen, wenn Sie darüber eine Meldung bringen." Kostenpunkt für die Versicherung: 1500 Mark. Schwindmann bekommt tatsächlich glänzende Augen, sieht im Geist wohl schon die Anzeigengeschäfte wachsen durch die „neuen" Auflagenzahlen.

Der Versicherungsmann kommt in die Redaktion und handelt mit Schwindmann das Geschäft aus, drückt ihn von 4000 auf 3500 Exemplare und macht zur Bedingung, daß die Story vor dem Druck mit ihm abgestimmt werden müsse. Ich schreibe die Meldung, Schwindmann redigiert sie, sie ist ihm zu karg; zu nüchtern, ohne jeden Superlativ. Das Endprodukt heißt: „Gute Nachricht für 230 000 Autofahrer, Geld zurück von der Versicherung. Eine wunderbare Nachricht ...''

Die Auslieferung regelt der Mann von der Versicherung direkt mit dem Vertrieb. Ob sie die Zeitungen gebündelt auf den Müllhaufen geschüttet oder ihren Vertretern in die Hand gedrückt haben, die dann wiederum kostenlose BILD-Werbung hätten betreiben können, weiß ich nicht. Um mögliche Unklarheiten zu beseitigen, wird das Geschäft von Schwindmann in einer späteren Redaktionskonferenz mit dem Prädikat „nachahmenswert'' versehen:[3] „Ihr braucht nicht erstaunt zu sein, weil wir das schon mal im Blatt hatten, schließlich haben wir unsere Auflage um 3500 Stück gesteigert. Und wie wir alle wissen, jeder hat schließlich seinen Preis.''

Was BILD auch tut, immer wird es zum Geschäft. Wer in BILD gelobt wird, dessen Laden floriert, wen BILD nicht mag, der kann gleich einpacken. Dafür sorgen die hohe Auflage und der sichere Griff, in dem BILD die von ihm geweckten und geschürten Emotionen seiner Leser hält. Dagegen könnte ein einzelner BILD-Schreiber auch dann nicht an, wenn er es wollte.[4] In seinen Geschichten steckt eine Macht, von der er weder sich noch sie befreien kann. Er kann nichts lobend oder bloß wohlwollend beschreiben, ohne ökonomische Interessen zu fördern (wie er nichts kritisieren kann, ohne Pleiten zu fördern). Dafür drei Beispiele:

Ich habe in Köln zu tun und muß über die verstopfte Autobahn zurück nach Hannover. Dauer schätzungsweise 3–4 Stunden. Ich werde also mal wieder viel zu spät in der Redaktion sein. Um mir einen Anschiß zu ersparen, rufe ich an, klage über einen „Bandscheibenschaden'', murmele was von dringender ärztlicher Behandlung und deute an, daß man daraus eventuell eine Geschichte machen könne. Nun brauche ich sicherheitshalber nur noch ein ärztliches Attest. Das kann nicht schwer zu beschaffen sein, ich leide ja wirklich manchmal an einem Bandscheibenvorfall, der vom Chiro-Praktiker wieder eingerenkt werden muß. Im Branchenregister finde ich einen, zufällig ein ganz interessanter Mann. Er verwendet ein an ihm selbst in den USA praktiziertes Verfahren, ist aber charakterstark genug, sich nicht von BILD zerschreiben zu lassen. Er nennt mir den Namen eines Kollegen, dessen Verfahren er persönlich zwar schätze, der aber dennoch unter Heilpraktikern eine Ausnahme darstelle. Vielleicht sei der mit einer BILD-Geschichte einverstanden.

So komme ich zu dem Heilpraktiker Trinklech, der mit einer sogenannten Sauerstoff-Therapie arbeitet. Ich spreche mit ihm, er hat nichts gegen einen Bericht. Um mich vorab von der Ungefährlichkeit seiner Behandlung zu überzeugen, lasse ich mich selbst mehrmals an seinem Wunderapparat anschließen und mir flüssiges Sauerstoff durch die Venen spülen. Meine Gespräche mit Patienten ergeben, daß er erstaunliche Erfolge vorweisen kann, daß schwere Fälle von Durchblutungsstörungen geheilt wurden, daß sogar eine absehbare Raucherbein-Amputation durch das Trinklech'sche Oxyvenierungs-Verfahren verhindert werden konnte. Auch ein Anruf bei der Medizinischen Hochschule bringt die Auskunft, daß die Methode zwar umstritten sei, aber − sachgemäß angewandt − nicht schaden könne. Also schreibe ich die Geschichte: ,,Peter Trinklech, der Mann, der mit Luft heilt.''

Die Wirkung ist ungeheuer. Als ich nach Erscheinen des Berichts wieder zu ihm komme, um meine ,,Spül''-Behandlung fortzusetzen, quillt das viel zu kleine Wartezimmer über von Patienten. Die Leute, zumeist ältere, stehen sogar auf den Gängen. Wie Trinklech mir erzählt, ist sein Ruf schon bis zu den am Bahnhof postierten Taxifahrern gedrungen. ,,Ach, Sie wollen zum Heilpraktiker?'' Das hat er selbst erlebt, als er sich vom Bahnhof in seine Praxis fahren ließ. BILD hat ihn zum Begriff gemacht,[5] mit meiner Hilfe.

Im Wartezimmer hängt meine BILD-Geschichte als Werbung. Ich bin froh, daß ich den Heilpraktiker wenigstens auf einen nicht zu hohen Behandlungs-Preis festgelegt habe, die übliche Inflation kann nicht stattfinden. Aber eine andere: er schafft sich kurz darauf einen zweiten Oxyvenierungs-Apparat an, stellt einen Assistenten ein und will demnächst in eine größere Praxis umziehen. Ich habe schon die Vision einer Praxis im Turnhallen-Format, reihenweise Bahren, ein Heer von Gehilfen schließt unentwegt Patienten an Schläuche an ...

Übrigens werde ich inzwischen kostenlos behandelt, bekomme zusätzlich noch Spritzen und Medikamente. Ich habe es von Anfang bis Ende durchgespielt. Nach Abschluß meiner Esser-Rolle lasse ich mir die Rechnung schicken und bedanke mich bei ihm, weil wir kein schlechtes Verhältnis hatten. Trinklech, der von BILD aufgebaute Prominente, taucht später noch einmal auf, als Hellseher, aber das ist eine andere Geschichte.

Der zweite Fall: Ein Bäcker, der in Hannover einen kleinen Laden hatte, macht gutes, chemikalienfreies Brot. Es schmeckt ausgezeichnet und ist nicht teurer als die Konkurrenz-Produkte. Dieser Bäcker steht kurz vor dem Bankrott. Bis ich meine BILD-Geschichte über gesundes Brot schreibe. Seitdem floriert sein Laden, er muß erweitern, noch einen Bäcker einstellen, um die Nachfrage zu befriedigen. So schnell geht das.

Dritter Fall: Ein sich selbst Psychologe nennender Mann, mit einem Institut ausgestattet, reist durch unsere Lande[6] und prophezeit den Leuten, daß er ihnen in Sekundenschnelle das Rauchen abgewöhnen könne. Seine Methode, basierend auf Suggestion, wird unterstützt durch eine Art Blitzlichtgerät mit gleichzeitiger leichter Nackenmassage plus beschwörenden Worten: ,,Lassen Sie dieses Laster sein! Sie können es jetzt aufgeben!'' So etwa. Sein schlichter Name Meier war dabei durchaus hinderlich, deswegen nennt er sich P. H. A. Meier, lies: Petrus Herodes Alpha Meier.

Diesmal will ich verhindern, daß meine Geschichte das Geschäft belebt. Da ich den P. H. A. M. nicht einfach als Scharlatan abtun kann (,,Psychologe kann mit neuer Methode das Rauchen nicht abgewöhnen'' – das wäre keine BILD-Geschichte gewesen), will ich den ,,Erfolg'' überziehen, durch Kuriosität der Darstellung unglaubwürdig machen. Dazu muß ich mich nun wiederum den Kollegen gegenüber unverdächtig machen: Ich darf ja nie den Eindruck entstehen lassen, ich sei raffiniert. Als alle über den ,,Magier mit dem Raucherblitz'' lachen, sage ich spontan: ,,Ich rauche nicht mehr.'' Das halte ich dann die restlichen drei Monate durch, als einziger Nichtraucher in einer Redaktion von Kettenrauchern. Der Eindruck ist tief, selbst in den wenigen Zeilen, die BILD zur Enthüllung des Hans Esser als Günter Wallraff schreibt, ist Platz für den Satz: ,,Immerhin hat er sich bei uns das Rauchen abgewöhnt – wohl weil er soviel arbeiten mußte.''

Dabei ging es mir in Wirklichkeit vor allem darum, vom Image her den unverdächtig unpolitischen Trottel und Naivling herauszukehren,[7] der so treuherzig und blöde ist, daß er am Ende auch noch an seine eigenen Geschichten glaubt.

Alle meine Anstrengungen sind übrigens umsonst: Der ,,Psychologe'' hat durch den BILD-Bericht starken Zulauf. Vor einem geplanten weiteren Besuch in Hannover schickt mir Petrus Herodes Alpha Meier eine freundliche Einladung auf sein Jagdschloß in Hessen, zusammen mit einer wertvollen Ledertasche und der Bitte, seinen Besuch in BILD entsprechend zu würdigen. Die Tasche gebe ich gleich weg, ein zweiter Artikel erscheint nicht.

Dennoch kommt der ,,Raucherblitz'' noch einmal vor. BILD hat den Ehrgeiz, mit der Aktion ,,Rettet Hannover 96'' den abgewirtschafteten lokalen Fußballklub zu sanieren. Schwindmann fordert die ganze Redaktion auf, bei allen bekannten Geschäftsleuten der Stadt und der Umgebung Geld aufzutreiben. Für Spenden dürfen wir positive Erwähnung des Spenders und/oder seiner Firma in einer zukünftigen BILD-Geschichte versprechen.

Schwindmann zu mir: ,,Dein Rauchertyp, ruf ihn an und sag ihm, wir machen eine riesige Werbung für ihn, wenn er tüchtig spendet.`` So kommt auch Petrus Meier wieder zu Ehren. Obwohl ihn Hannover 96 einen feuchten Kehricht interessiert,[8] zeichnet er eine 3000-Mark-Spende. ,,Hannover 96? Wer ist das?`` erkundigt er sich am Telefon. Als ich ihm dann von Schwindmann ausrichte, daß er ihm anläßlich eines neuen Besuchs in Hannover einen weiteren werbewirksamen Artikel garantiere, ist er mit einer 3000-Mark-Zeichnung dabei. Dabei hat Schwindmann mir einige Tage vorher noch klar gemacht, daß der ,,Nikotinblitzer`` für ihn kein Thema mehr sei.

,,Ob Sie das Geld jemals werden zahlen müssen, steht in den Sternen``,[9] kann ich ihm jetzt ausrichten. ,,Denn das Geld wird nur fällig, wenn der Verein seine Lizenz zurückbekommt, und da spricht im Moment noch sehr viel dagegen. Also, wenn Sie Glück haben, macht BILD für Sie eine kostenlose große Werbung. ``

Nach diesem Schema werden viele Prominente, Fabrikanten und Geschäftsleute in Hannover und anderswo zu spendenfreudigen und begeisterten Fußballfans. Und gerade die routinierten Großverdiener unter ihnen wußten sicher sehr wohl, daß so eine vage PR-wirksame Spendenzulage am Telefon nicht rechtsverbindlich ist, falls sie jemals zur Kasse gebeten werden sollten.[10]

Weitere 1000 Mark bekomme ich von einem Kunstbrust-Hersteller, über den ich zuvor einen werbewirksamen Artikel veröffentlicht habe, und der durch die Spende einen neuen PR-Bericht erwarten kann. Fettgedruckt taucht er in der Spendenliste als Toupet- und Natur-Brust-Prothesen-Fabrikant auf.

5000 Mark, die größte Einzelspende, die ich beibringe, stammt vom Safari-Tierpark Hodenhagen, einem amerikanischen Unternehmen, das mit Hilfe des Bürgermeisters von Hodenhagen, der jetzt Tierpark-Direktor ist, die Gegend verschandelt und mit den Tieren nicht eben vorbildlich umgeht. Kurzum, bei der Tierfreund-Attitüde von ,,BILD`` eine ,,runde schöne Geschichte``. Ich habe einen solch kritischen Bericht bereits geplant und mit Schwindmann abgesprochen. Doch daraus wird jetzt nichts mehr, Schwindmann will bis zum Redaktionsschluß 100 000 Mark zusammen haben und fordert mich auf: ,,Machen Sie da was locker!'' Die Firma zeigte sich nicht abgeneigt. Ihre Bedingung: Abgesprochener Artikel, Aufmacher im Lokalteil, große Fotos, positiver Text ...

Ich bringe es insgesamt auf 10 000 Mark. Das ist nicht viel im Vergleich zu den anderen. Gegen Ende der Aktion haben wir 180 000 Mark zusammen. Hauptanteil sind anonyme Kleinbeträge von 1, – bis 5, – Mark. Der Verein bekommt befristet seine Lizenz wieder, er ist gerettet. BILD kann mit den PR-Zusagen starten.

Eröffnet wird die Spendenliste durch Keksfabrikant und Albrecht-Mäzen Bahlsen. Mit 5000 DM ist er dabei. Obwohl er sich zuerst gesperrt hat. ,,Wir mäzenieren an und für sich nur die Kunst.''[11] Aber Schwindmann flötete ins Telefon: ,,Es geht uns hier nicht um Fußball, sondern einzig und allein um das Ansehen unserer Stadt ...'' –

Schwindmann treibt seine Mannschaft wie wild an, damit sie am ersten Tag schon 100 000 zusammenschnorrt: ,,Wir können da nicht mehr runter, denn die Zeile ist ja schon abgesetzt.''[12] Gisela Schönberger: ,,Herr Direktor, ich bitte Sie, jeder Betrag hilft. Herr Direktor, möchten Sie, daß wir das unter ihrem Namen oder unter ihrer Firma veröffentlichen?'' Der Herr Direktor zieht es vor, anonym zu bleiben.

Gisela Schönberger: ,,Wir können uns dann auch gerne über eine weitere PR unterhalten. Das haben wir den anderen auch zugesagt.'' Tagelang werden die Redakteure als Bettler und Telefondrücker abkommandiert. Am Abend zählen nicht die geschriebenen Artikel, sondern die an Land gezogenen Spenden. Auch die Honorare der Freien werden danach bemessen. ,,Toll, schon am ersten Tag 93 000 Mark gespendet'', dichtet Schwindmann die Zeile des Seitenaufmachers Seite 5. ,,Rettet Hannover 96!'' beschwört Albrecht die Hannoveraner. ,,Eine Aktion von Dr. Ernst Albrecht und BILD-Hannover'', heißt es noch am ersten Tag. Am nächsten Tag lautet Schwindmanns Jubelzeile: ,,Wunderbare Hannoveraner! Sie spendeten 115 967 Mark", auf Seite 1 angekündigt mit „Toller Erfolg".

Intern allerdings gesteht Schwindmann nach Dutzenden von Telefonaten, bei denen er sich eine Abfuhr nach der anderen eingeholt hat, selbstkritisch ein: „Müssen wir nach den ganzen Anrufen sagen, daß wir mit unserer Aktion schiefliegen. Alle Leute sind sauer auf Hannover 96."

Aber einen Fehler öffentlich im Blatt zuzugeben, ist bei BILD nicht drin. Die Sache wird durchgezogen.[13] BILD, Dein Retter und Helfer. Aus der BILD-Familie wird die Fußballfamilie. So eine Spendenaktion schafft Zusammengehörigkeitsgefühle. Viele spenden 96 Pfennig, dafür ist ihr Name einmal gedruckt im Blatt. Sie gehören dazu. Zu Bahlsen und Albrecht. Sie sind plötzlich wer. BILD macht's möglich.

Auch Hasselmann, BILD-Kasperl und Schutzpatron zugleich, wird bemüht, „verwendet sich" für BILD, mischt mit. Schwindmann: „Minister Hasselmann hat den Horten-Direktor angehauen.[14] Horten ist mit 5000 Mark dabei."

Die Werbung für Hasselmann und Horten zugleich folgt auf dem Fuß. Zwei Tage später in Treitschis Klatschkolumne:

„,Mein Gott, ist das ein junges Team hier', meinte Minister Wilfried Hasselmann, als er kürzlich das Warenhaus Horten besuchte. Gemeinsam mit Geschäftsführer Robert Krawutschke (44), Geschäftsführer Michael Solbach (32) und Personalchef Gerhard Weber (34) besuchte er 90 Minuten lang eines der größten Kaufhäuser in Hannover. Natürlich kredenzte man dem Minister auch ein Restaurantessen."

Drei Tage später — weitere 50 000 Mark werden angegeben — zeichnet der anfängliche Privatmann Albrecht bereits als „Ministerpräsident" mit seinem Konterfei.[15] Die Redakteure fangen an zu maulen. Uwe Klöpfer: „Wenn die Bettelarie morgen noch weitergeht, dann steig ich hier aus." Aber es geht weiter und keiner steigt aus. „Hurra! Die größte Spende für 96", jubelt Schwindmann am nächsten Tag in der Aufmacher-Zeile auf Seite 4 und der Artikel beginnt mit „Wunderbar".

Es wird immer peinlicher. Die auf Spenden angesprochenen

Insider des Sportgeschehens halten von der Rettungsaktion nichts: ,,Der Verein hat sich durch Miß- und Vetternwirtschaft verdientermaßen so runtergewirtschaftet.''[16]

Sportgeschäftsinhaber G., ehemaliger Spieler bei Hannover 96, sagt mir am Telefon: ,,Keinen Pfennig spende ich für diesen Saustall. Wir haben damals, als wir noch in der Oberliga waren, für 'n Appel und Ei[17] spielen müssen. Und seitdem die Absahner vom neuen Management das große Geld einsteckten, ging's mit dem Verein abwärts.''

Selbst die Sportredakteure der BILD-Redaktion halten die Rettungsaktion für Unfug. Ein Sportredakteur abends beim Bier zu mir: ,,Ein Wahnsinnsunternehmen. Mit dem Geld sollte man einen Kindergarten oder ein Altersheim unterstützen.''

Aber Schwindmann zieht die große Bettelarie werbewirksam durch. Für nichts und wieder nichts. Aber er sorgt für Druck auf die Stadtsparkasse, damit sie den heruntergewirtschafteten Verein einen zinslosen 900 000-Mark-Kredit weiter stundet. Ministerpräsident und ,,Hirte'' Albrecht mit dem Fußball am Bein hält nun unter einem Rettungsring-Emblem auch seinen eigenen Kopf hin. Als Sportsfreund, Wohltäter und Retter, so fühlt er sich werbewirksam verkauft, glaubt er. So imponiert er dem verachteten ,,kleinen Mann'' und wirft noch seine politische Autorität mit in die BILD-Waagschale.

Schwindmann hat von Anfang an erkannt: ,,Wenn Albrecht mitspielt, hat er damit ein Präjudiz geschaffen ...''

Als die Aktion bei der Bevölkerung nicht den erwünschten Anklang findet, auf immer mehr Kritik stößt und viele unwirsch auflegen, wenn sie um Spendenbeiträge ersucht werden, kommt Friedhelm Borchers die Erkenntnis: ,,Wir waren nicht gut beraten, hier Albrecht vorzuspannen. Das hätten wir mal lieber Schmalstieg[19] machen lassen sollen.''

Nachdem der DFB nicht zuletzt auf den BILD-Druck hin dem bankrotten Verein noch eine Gnadenfrist läßt und die Lizenz auf Widerruf verlängert, stellt sich heraus, daß von den in BILD werbewirksam angepriesenen 180 000 Mark nach 10 Tagen erst knapp über 5000 Mark eingezahlt wurden. Vor allem von Klein- und Kleinstzeichnern, für die es keine Geschäftswerbung war, die sich jedoch prompt an ihr Versprechen gehalten haben.

Raubfische

BILD manipuliert. Aber dabei bleibt es nicht. Denn das Bewußtsein, daß BILD manipuliert, verdreht und verfälscht, veranlaßt viele BILD-Informanten, sich darauf einzustellen. So wird der beschriebenen Eskalation − Reporter verdreht zum Monströsen, Redaktionsleiter verschärft die verdrehte Richtung, Zentrale legt noch einen Zahn zu[1] − am unteren Ende noch eine Stufe angesetzt: Der Informant, der ins Blatt will, dreht seine Wahrheit auch schon nach BILD-Bedürfnissen zurecht. So entstehen die oft atemberaubend platten und dummen und überdurchschnittlich reaktionären Äußerungen auch führender SPD-Politiker in der BILD-Zeitung. Und wie im Sturm der großen Politik, so auch im Hannoveraner Wasserglas.

Schwindmann drückt mir eine Einladung der Linné-Gesellschaft in die Hand: ,,Aquarien- und Terrarien-Ausstellung. 80 Jahre biologische Gesellschaft Linné im Freizeitheim Vahrenwald.'' Unter der anreißerischen Überschrift ,,Piranhas in Vahrenwald'' beginnt ein sachlicher Text:

,,Am 26. 3. 77 wird Herr Bürgermeister Dr. Scheel im Freizeitheim Vahrenwald, Hannover, um 11 Uhr die 10. Aquarienausstellung der Biologischen Gesellschaft ,Linné' anläßlich ihres 80jährigen Bestehens eröffnen. Die Mitglieder und ihre große Jugendgruppe haben keine Mühe gescheut, die von ihnen gepflegten etwa 130 Arten von Fischen, erdteilmäßig gegliedert, in ca. 60 Becken den interessierten Besuchern darzubieten. Die heutige Umweltverschmutzung, die vor keinem Bach oder Teich haltmacht, hat dazu beigetragen, daß man die Natur in Form eines Aquariums in die Wohnung holt. Der Beweis sind über eine Million Aquarien, die zur Besinnlichkeit im Wohnzimmer der Bundesbürger stehen.''

Dann folgt noch eine weitere Seite Beschreibung über die

ausgestellten Fischarten, wobei nur der letzte Satz den Piranhas gewidmet ist:

„... Der aus vielen Erzählungen und Reiseberichten bekannte und gefürchtete *Piranha oder Pirya* ist selbstverständlich auch zu sehen."

„Uns interessieren ausschließlich die Piranhas", sagt Schwindmann zu mir, „den anderen Fischkram kannst du vergessen. Ich will eine richtig schöne gruselige Geschichte. Nimm einen Fotografen mit."

Der Vorsitzende der Linné-Gesellschaft Peter Wilhelm ist hocherfreut, als wir anrücken. Er schleppt mich zu den verschiedensten Bassins, um mir Purpurbarsche, Schokoladenguramis, die ihre Brut im Maul tragen, und lebend gebärende Halbschnabelhechte vorzuführen, ihre Eigenheiten und Haltung zu erklären.

Am Anfang gehe ich höflichkeitshalber noch darauf ein, bis ich ihm offen sage: „So sehr mich privat die gesamte Ausstellung auch interessiert, BILD hat mich einzig und allein der Piranhas wegen hier hin geschickt. Wo stecken denn die Tierchen?" Er führt mich zu einem kleinen Aquarium, worin ein paar unscheinbare mickrige Fischlein schwimmen.

Frage: „Im Amazonasgebiet werden doch häufig Menschen von diesen Fischen angegriffen, liest man jedenfalls in Abenteuerromanen, außerdem hin und wieder auch mal in der Zeitung."

Antwort: „Das war dann aber sicher die BILD-Zeitung." Dann versucht er wieder, meine Aufmerksamkeit auf die anderen zahlreichen Zierfische zu lenken. Ich schaue auf meine Uhr. In einer viertel Stunde läuft die Zeit ab, die mir Schwindmann gesetzt hat. „Ich will nicht unhöflich sein", entschuldige ich mich beim Aquarien-Vereinsvorsitzenden, „aber ich kann auch nichts dafür, wenn BILD es ausschließlich auf die Viecher abgesehen hat.[2] Es ist zwecklos. Auf die anderen Fische kann ich höchstens in einem Nebensatz eingehen. Ich verabscheue meinen Job ja auch", erkläre ich ihm weiter, und: „ich mache das nur vorübergehend."

Da geht auch der Aquarienfreund aus sich heraus: „Wenn

Sie schon so ehrlich zu mir sind, kann ich Ihnen ja auch die Wahrheit verraten. Die Piranhas haben wir ausschließlich als Köder für die BILD-Zeitung hier angeschafft. Auf diese blutrünstigen Raubfische stürzt sich doch die BILD-Zeitung, hab ich mir gedacht. Sonst würden wir doch mit keiner Zeile erwähnt."

Da kann ich ihm recht geben, und wir freuen uns beide, daß über diesen Umweg seine Ausstellung überlaufen sein wird. „Aber die Tatsache allein genügt noch nicht", mache ich dem Vorsitzenden klar, „wir brauchen noch was Gruseliges."

Er holt den Halter des Piranha-Aquariums, einen unbekümmerten, jungen Mann, der zu den domestizierten Tieren ein geradezu freundschaftliches Verhältnis hat, jedenfalls nicht die Spur von Angst. Er erzählt, daß Piranhas erst ab einem bestimmten Alter und in riesigen Schwärmen gefährlich werden. Damit wäre die Geschichte natürlich gestorben. Also bohre ich nach: „Gab's hier in Hannover nicht mal einen Unglücksfall?" Er kapiert gleich, worum es mir geht." Ja, vor acht Jahren ist mal was passiert. Der Leiter des Aquariums im Landesmuseum, der sich diese Tierchen hielt, ist von einem Fisch gezwickt worden, nachdem er alles nur Denkbare[3] falsch gemacht hat. Aus einem fast leeren Aquarium heraus wollte er die Fische umsetzen. Da hat sich in Todesangst ein Fisch an seiner Fingerkuppe verbissen. Es war ein ganz kleines Stück angeritzt, das mit einem Pflaster wieder verklebt worden ist." Ich notiere den Namen des „Opfers".

Anschließend lasse ich mich über die besonderen Eigenschaften der Piranhas aufklären.

Der Aquarienfreund zitiert aus einem Lexikon der Aquaristik:

„Die größten Schwierigkeiten bei der Haltung bereitet ihre Angriffslust. Jeder nur etwas angeschlagene, kranke oder Schwäche zeigende Artgenosse wird überfallen und totgebissen ... Auch scheint ihre Angriffslust gegenüber anderen Tieren von der Größe ihres eigenen Schwarmes abzuhängen ... Als Einzelexemplare in der Regel friedliche Tiere, entwickeln sie ihre

äußerste Aggressivität erst im Großschwarm ... Das kritische Moment liegt beim Einsetzen neuer Fische in das Piranha-Becken. Der Augenblick der Benommenheit wird dann meist als Signal zum Angriff angesehen. Im allgemeinen sind die Piranhas sehr nervös ... Versuche mit Gupies, die man zu den Piranhas einsetzte, haben gezeigt, daß die Piranhas über alle Tiere, die Anzeichen von Benommenheit oder Schock zeigten, herfielen und sie totbissen. Nur Gupies, die sich augenblicklich anpaßten und im Schwarm mitschwammen, überlebten ...''

In freier Wildbahn – im Dschungelgebiet des Amazonas z. B. – wittern sie das Blut verwundeter Warmblüter kilometerweit, fallen in Schwärmen über das verwundete Tier – oder auch Menschen – her und reißen das Fleisch stückchenweise herunter, bis oft nur das Skelett übrigbleibt.

Einige ihrer Eigenschaften kommen mir sehr bekannt vor:[4] Sie sind äußerst aggressiv, fallen in Schwärmen über Artfremde und Verwundete her, fressen alles auf, was Schwäche zeigt, Ausfallerscheinungen hat ...

In der Geschichte erwähne ich dann zum Schluß in einem Nebensatz den ,,Unglücksfall''. Der Redaktionsleiter, der mich schon während des Schreibens genervt hat mit Fragen wie: ,,Ist

Piranhas rissen Museums-Direktor ein Stück aus der Hand – Ärzte nähten es wieder an

Piranhas haben 147 rasiermesserscharfe Zähne

Von HANS ESSER

Hannover, 25. März

Es war reines Versehen: Günther Kluge (64), Leiter des Landesmuseums Hannover, griff beim Reinigen in das Aquarium, das in seinem Büro steht. Sofort gruben sich 147 rasiermesserscharfe Zähne in seine Hand und rissen ihm ein Stück Fleisch heraus: Blutdurst der Piranhas, der gefährlichsten Süßwasserfische der Welt! Sieben dieser Amazonasfische können Sie von morgen an ab 11 Uhr im Freizeitheim Vahrenwald besichtigen.

Günther Kluge hatte übrigens Glück. Der in Gefangenschaft gezüchtete Fisch spuckte das Stückchen Hand wieder aus. Im Krankenhaus konnte es dem Museumsdirektor wieder eingenäht werden.

Die Ausstellung in Vahrenwald, bei der neben den Piranhas auch viele andere, ungefährliche Fische gezeigt werden, veranstaltet die Biologische Gesellschaft Linné. Sie ist die älteste in Deutschland und feiert 80jähriges Jubiläum.

Wenn es Sie allerdings gelüstet, Piranhas als Haustiere zu halten, können Sie am 5. April ab 16 Uhr die Fische für etwa 20 Mark pro Stück auf einer Fischbörse im Freizeitheim Vahrenwald ersteigern.

Die gefährlichsten Süßwasserfische der Welt – Piranhas – bissen Museumsdirektor Günther Kluge ein Stück Fleisch von der Hand. Wilhelm Peter, Chef der Aquarium-Gesellschaft, warnt alle Piranhas-Fans: Seien Sie vorsichtig der Sicherheitsabstand auch ausreichend? Besteht keine unmittelbare Gefahr für die Besucher?'' macht aus diesem Nebensatz die Schlagzeile: ,,Piranhas rissen Museumsdirektor Stücke aus der Hand. Ärzte nähten es wieder an.'' Fettgedruckt ist das auch sein Einstieg in die Geschichte. (Er nahm mir das Manuskript aus der Hand und dichtete selbständig):

,,Es war reines Versehen. Günter Kluge, Leiter des Landesmuseums Hannover, griff beim Reinigen in das Aquarium, das in seinem Büro steht. Sofort gruben sich 147 rasiermesserscharfe Zähne in seine Hand und rissen ihm ein Stück Fleisch heraus. Blutdurst der Piranhas, der gefährlichsten Süßwasserfische der Welt. Sieben dieser Amazonas-Fische können Sie von morgen an ab 11 Uhr im Freizeitheim Vahrenwald besichtigen. Günter Kluge hatte übrigens Glück. Der in Gefangenschaft gezüchtete Fisch spuckte das Stückchen Hand wieder aus. Im Krankenhaus konnte es dem Museumsdirektor wieder angenäht werden.'' Die Tatsache, daß der Vorgang bereits 8 Jahre zurückliegt, fällt unter den Tisch.[5]

,,Aktualisieren'' heißt das bei BILD.

Es folgen dann, viel knapper, Daten zur Ausstellung mit dem Hinweis, daß diese Fische nach Beendigung der Ausstellung versteigert werden. Ich hatte schon vor, sie als mein Geschenk für die BILD-Redaktion zu ersteigern – als Wappentiere. Aber dann taten mir die Fische doch leid. Nach Erscheinen des Artikels bekommt der Museumsleiter, der gerade krank zu Hause liegt, jede Menge Anrufe sensationsgieriger Mitbürger aus aller Welt und Beileidsbesuche von Freunden, die einen Blick auf seine mißhandelte Hand werfen wollen. Er selbst rührt sich nicht und verlangt auch keine Gegendarstellung.[6] In jeder Provinz-Zeitung hätte der Chefredakteur einen gepfefferten Brief erhalten. Alles was passierte, ist ein sehr dezentes Interview in der ,,Neuen Hannoverschen Presse''[7] mit dem Piranha-Opfer, das den ,,Wahrheitsgehalt dieser und anderer blutrünstiger Geschichten'' beschreibt. Es ist von ,,einer Boulevardzeitung''[8] die Rede. BILD wird nicht genannt.

Auch vom Vorsitzenden der Aquarienfreunde kommt kein Protest. Der ist zufrieden, weil so viele Besucher kommen (6000 in einer Woche), die dann bedauernd feststellen müssen, daß die harmlosen Piranha-Babys sie nicht das Gruseln lehren können.

Ein zweiter Fall: Es erscheint ein Buch von amerikanischen Psycho-Forschern zum Thema: Jeder kann hellsehen. Schwindmann hat das aufgeschnappt und ruft mich an: ,,Wir wollen da eine BILD-Aktion draus machen: ,Auch Sie können hellsehen!' Finden Sie jemanden, der ein bißchen prominent ist, der auch so Phänomene hat." Ich habe wenig Hoffnung, aber was bleibt mir übrig. Ich rufe also meinen Heilpraktiker Trinklech[9] an, bei dem ich ein gewisses Gespür für Publicity festgestellt habe. Den hat BILD zum halbwegs Prominenten gemacht, warum also nicht auch zum ,,Hellseher"?

Ich erzähle Trinklech, was BILD plant. Die Überschrift steht schon: ,,Ob Sie es glauben oder nicht – auch Sie können Hellsehen!" Ich sage: ,,Das haben Sie doch sicherlich, wie wir alle, auch schon einmal erlebt, daß sie schon beim Klingeln des Telefons genau wissen, wer da anruft, auch wenn Sie lange nichts mehr von ihm gehört haben ..." Wir vereinbaren einen Termin und dann legt Trinklech los: ,,Ich habe immer wieder diese Fähigkeit in mir entdeckt ..." Inzwischen glaubt Trinklech vermutlich selbst, daß er Hellsehen kann.

Als die Geschichte erschienen war, und zwar noch um einiges platter,[10] als er sie erzählt hatte, kam ich doch mit etwas Bammel in seine Praxis. Aber was ist: Der Hellseh-Artikel hängt neben dem anderen[11] zur Werbung an der Wand. Opfer dieses Prozesses der Manipulation sind erstens das Publikum, der BILD-Leser, dem ein Piranha aufgebunden wird, und zweitens der BILD-Knecht, der einfache Reporter oder Redakteur, dem die Schuld zugeschoben wird. Denn wenn leitende Redakteure auch wissen, daß eine Geschichte vorne und hinten nicht stimmt, so achten sie doch penibel darauf,[12] daß der kleine BILD-Mann die Verantwortung übernimmt. Neuverfaßte Geschichten werden dem ursprünglichen Verfasser meist vorgelegt zum ,,Autorisieren". Wer wagt da noch zu sagen: ,,Es war aber doch alles ganz anders."

„Ein armer alter Mann baut die herrlichsten Geigen der Welt"

In der Nähe von Hannover, bei Nienburg,[1] lebt der Geigenbauer Montag, der mit ungeheurer Sorgfalt Meistergeigen herstellt. Da es nur noch sehr wenige Geigenbauer gibt, schlage ich vor, über ihn eine Geschichte zu machen. Das Thema kommt sofort an, wie alles, was man mit dem Attribut „edel" versehen kann: Edle Pferde, edles Porzellan, edle Instrumente, edle Kunst, Edelsteine.

Es kommt da einiges zusammen: Erst mal der tägliche Umgang mit Schmutz in jeder Couleur; die Hoffnungslosigkeit, jemals in der gesellschaftlichen Wirklichkeit Schönheit zu finden, nährt den Traum von einem unantastbar Schönen, Edlen.[2] Denn BILD-Redakteure sind gewöhnlich weder auf Marmor aufgewachsen, noch werden sie auf Marmor sterben − aber sie können drüber schreiben und sich so wenigstens ab und zu in Marmornähe fühlen.

Die Träume der Journalisten erzeugen Träume der Leser, Träume vom Weg nach oben. Ich werde bei BILD immer wieder auf Themen unter dem Aspekt „Vom Tellerwäscher zum Millionär" angesetzt. Es kommt nämlich sehr darauf an, das Schöne und Edle, von dem hier geträumt und träumen gemacht wird, nicht ganz so unerreichbar erscheinen zu lassen, wie es in dieser Gesellschaft ist. Welch ein Potential an Klassenhaß würde die BILD-Zeitung mit ihrem Baden im Glanz der Großen sonst erzeugen!

Die andere Methode, solche Wirkung zu verhindern, ist die Paarung des Edlen mit Erbarmungswürdigem. Rilkes infame Zeile „Armut ist ein großer Glanz von Innen" −[3] nur umgekehrt: Der Reiche leidet am Zipperlein, der Milliardär[4] sitzt einsam, verbittert und verlassen auf seinem Traumschloß.

Schwindmann erfindet für meine Geschichte den Titel: ,,Ein armer alter Mann baut die herrlichsten Geigen der Welt.''

Nichts dergleichen habe ich geschrieben: Der Mann war weder arm noch alt, er war ein rüstiger Sechzigjähriger, der zwar wie viele Künstler ein Stipendium hatte und sicher nicht zu den Großverdienern zählte, aber finanziell ganz gut zurechtkam. Doch Schwindmann dichtet weiter:

,,Der alte Mann mit den eingefallenen Wangen und dem schütteren Haar schlurft durch seine Werkstatt, die auch sein Wohnzimmer ist. Er nimmt ein Holzbrett aus dem Regal und streicht zärtlich über die geglättete Oberfläche, ,Ahorn, 50 Jahre alt', murmelt er und vergißt dabei minutenlang, daß er mich, den BILD-Reporter, gerade zu Gast hat ...''

Alles reine Erfindung, ich werde nicht einmal gefragt, ob es so gewesen sein könnte. Der Geigenbauer ist sehr erbost, daß er so mitleidheischend dargestellt worden ist. Leser, die ihn kennen, melden und beschweren sich: Ob der Autor ihnen ein Märchen habe aufbinden wollen?[5] Das wollte er in der Tat, wenn auch nicht irgendein Märchen. Schwindmann hat ein sehr feines Gefühl dafür, welche Sorte Märchen nützlich und welche schädlich ist. Ich selbst habe, am Schluß der Geschichte, der bei sehr vielen BILD-Geschichten, um ,,die Geschichte rund zu machen'', mehr oder weniger erfunden ist, eine Pointe hinzugedichtet:[6] Der Mann, der die kostbaren Geigen baut, verkaufe sie längst nicht jedermann. Er habe ein Jahr seines Lebens dem Instrument geopfert und wolle nun sehen, ob der Kaufwillige auch Talent habe.

Ganz am Schluß der BILD-Geschichte kommt immer ,,sein schönstes'' oder ,,sein schlimmstes Erlebnis''. In diesem Fall schrieb ich: Ein raffgieriger Bankier habe dem Geigenbauer Montag vorgetäuscht, er kaufe die Geige für seinen gelähmten Sohn. Er legte sie aber in seinen Safe, damit sie − durch Alter, wie eine Stradivari − noch wertvoller werde. Aber, endete meine Geschichte, ,,so lächelt der Meister, ,er weiß nicht, daß eine

85

Montag-Geige ständig gespielt werden muß, um ihren Klang zu behalten'. Die Geige verrotte nun im Banksafe.''

Dieses Märchen wird von Schwindmann ruckzuck gestrichen. Es ist ein — im BILD-Sinn — schlechtes, gefährliches Märchen, mit seiner aufreizenden Moral: Die Besitzgier und das Spekulantentum zerstört die edle Arbeit eines einfachen Künstlers.

Mein Märchen wird, wie gesagt, gestrichen. Was aber tut die Wirklichkeit? Nach Lektüre der BILD-Geschichte meldet sich ein gänzlich amusischer Schrotthändler und kauft für 13 000 Mark eine Montag-Geige. Als Wertanlage.

BILD und das Tier

In der Wertskala der BILD-Geschichten stehen Tiere — insbesondere vereinsamte oder im Stich gelassene — ganz oben. Sie rangieren wesentlich höher als vergleichbare menschliche Fälle, es sei denn, es handele sich um ganz „große Tiere",[1] Millionäre, Filmstars.

Kaum eine BILD-Woche, in der nicht mehrere Aufmacher von ergreifenden Tierschicksalen handeln und Unrecht an Menschen in die Kurznachrichten drücken. Auf der täglichen Börse „Redaktionskonferenz" werden diese Tierschicksale unter der Rubrik „human touch" gehandelt.[2]

Ein trostloser Tag für eine BILD-Redaktion. Kein attraktives Verbrechen. Kein Mord. Keine zünftige Vergewaltigung. Kein origineller Selbstmord. Einfach nichts los. „Hast du bei der Polizei noch mal durchtelefoniert?" wird Klöpfer gefragt. „Auch da nichts los?" — Klöpfer schüttelt mit dem Kopf. Schwindmann wendet sich an uns alle und gibt die Tageslosung aus. „Nichts mit Tränen? Mit viel Schnief-Schnief?[3] So eine menschliche Note fehlt der Zeitung heute noch. Irgendwas aus dem menschlichen Bereich, wo wir noch nicht wissen, was. Auf jeden Fall werden wir für geschmackvolle 30 Zeilen Platz freihalten. Ich will eine rührende, ans Herz gehende Tiergeschichte mit viel Schnief-Schnief."

Auferstehung eines Sterbenden

21. 2. Jetzt ist Opa Vahl gelähmt
19. 3. Opa Vahl fleht um Hilfe
21. 3. Heidi Kabel[1] weinte, als sie Henry Vahl sah!
31. 3. Opa Vahl ruft nach seiner toten Frau!
15. 4. Old Henry hat eine Freundin gefunden
18. 4. Opa Vahl: Haareschneiden? Das kann ich nicht bezahlen
2. 6. Keiner will Opa Vahl! Opa Vahl – Es gibt keine Hoffnung mehr für ihn!
3. 6. Heidi Kabel: Ich habe einen Platz für Opa Vahl – Tausende riefen an! BILD-Leser: Wir geben Opa Vahl ein Zuhause!
8. 7. Opa Vahl im Sterben
9. 7. Heidi Kabel: Einmal möchte ich Old Henry noch sehen!
30. 7. Totengräber fiel zu Opa Vahl ins Grab[2]

Das Sterben des beliebten 79jährigen Volksschauspielers Henry Vahl vom Ohnsorg-Theater[3] belebte BILD in täglich neuen Schlagzeilen und Artikeln, die an die Mitleidsgefühle ihrer Leser appellieren. Als Henry Vahl schließlich vom Tod gezeichnet im Krankenhaus lag und intensivste Pflege brauchte, putschte BILD diese Gefühle künstlich noch höher und rief das weite Herz der „großen BILD-Familie" an: Opa Vahl benötige eine Pflegefamilie, da er sonst verloren sei. Eine Mitleids- und Hilfswoge rollte an. Zahlreiche BILD-Leser ließen ihren BILD-produzierten Gefühlen freien Lauf[4] und boten „Opa Vahl" ein neues Zuhause für seinen Lebensabend an. BILD konnte so seine Schlagzeilen bis zum endgültigen Tod des populären Volksschauspielers verlängern. Während für ihren Opa Vahl gemolken wurden, hing in der Hamburger Zentralredaktion eine makabre Fotomontage, die Henry Vahl in seinem Sarg zeigte, den man je nach Schlagzeile beliebig ein Stück sterben oder auferstehen lassen konnte.

88

Die Mädchen in BILD

Als unverzichtbar gelten für die BILD-Mischung nackte Mädchen, ,,Miezen'' genannt. Die Fotos werden über BILD-Beschaffer besorgt. Vorgaben gibt es so gut wie keine. Bei Rückfragen wird einem ein Phantasie-Name genannt, eventuell noch das Alter und bei Dunkelhäutigen erfährt man allenfalls, ob es sich um eine hier lebende Studentin handelt.

Als ,,Heike von der Alster'' kurz darauf ,,Uschi von der Isar''[1] war, hatten die BILD-Journalisten ihren Spaß. Die dazu getexteten Geschichten sind fast ausnahmslos erfunden.

Die Funktion dieser Mädchen ist jedem hier klar. Keiner, dem von Schwindmann die ,,Mieze'' hingeschmissen wird, entzieht sich dem ,,Texten, 15 Zeilen!''[2] Ich traue mich auch nicht, nein zu sagen. Statt dessen versuche ich mit meinen Texten, die BILD-,,Miezen''-Absicht zu unterlaufen. Zum Beispiel so:

,,Kitty, 24 Jahre, Textilarbeiterin, wollte eigentlich auf ihrer Fensterbank in Linden (das ist ein Arbeiterviertel) erste Frühlingssonnenstrahlen genießen. Aber als ein Nachbar das Fernglas auf sie richtete, zog sie schnell den Bambusvorhang herunter. Jetzt schaut sie mit ihren grünen Katzenaugen verschreckt ins Blitzlicht ihres Freundes. Er ist Fotograf und knipst sie immer, wenn sie ihren geschmeidigen Körper zeigt. Immer wieder verspricht er ihr, daß es wirklich nur das letzte Mal ist, daß er sie nackt unter die Leute bringt.''[3]

Der letzte Satz wird gestrichen und ersetzt durch: ,,Er hat sich nämlich vorgenommen, sie als Fotomodell groß herauszubringen.''

Schwindmann merkt wohl, daß ich absichtlich gegen den BILD-Strich texte,[4] um diese entwürdigende Arbeit loszuwerden. Aber er will es wissen[5] und knallt mir immer wieder, oft sogar, wenn ich gerade nach Hause gehen will, seine Garniermädchen auf den Tisch. Erst als ich dann auch noch eine ans Herz gehende, rührende Kindergeschichte durch die Zeile ,,Mariana findet Bananen gräßlich'' entstelle, gibt er's auf.

„Höhlenforscher im Harz"[1]

Eine BILD-Redaktion darf eine professionelle Fälscherwerkstatt genannt werden.[2] Man darf sich das nur nicht so vorstellen, als gebe es einen offiziellen, gar schriftlichen Auftrag, dies und das zu fälschen. Es gibt auch keine mündlichen Anweisungen wie: Bastelt mal hier 'ne erfundene Geschichte, oder: Baut mal 'nen Türken![3] Fälschung entsteht bei BILD wortlos, sozusagen systematisch:

Die freien Mitarbeiter[4] werden pro Zeile bezahlt. Sie stehen mit den Geschichten, die sie anbieten, in existentieller Konkurrenz. Da sie es sich nicht leisten könnten, eine Geschichte zu recherchieren, ohne die Gewißheit zu haben, daß sie ins Blatt kommt (und bezahlt wird), müssen sie – ohne genaue Kenntnis des wirklichen Sachverhalts – bereits einen möglichst saftigen, originellen Aspekt anbieten. Der Redaktionsleiter, der in Konkurrenz zu den Redaktionsleitern der anderen BILD-Büros steht, verschärft diesen ungeprüften Aspekt oft noch um eine Drehung,[5] um eine Chance zu haben, damit in die Bundesausgabe zu kommen. Gelingt ihm das, legen die Redakteure in der Hamburger BILD-Zentrale noch einen Zahn zu und machen die denkbar „knackigste" Überschrift.[6] Die steht oft schon fest, wenn der freie Mitarbeiter auf Recherche geht – und wehe ihm, die Schlagzeile, auf die er zuschreiben muß, läßt sich nicht halten![7] Vielmehr: Wehe den Tatsachen, die sich der Schlagzeile nicht anpassen wollen.

Wenn es dann schließlich heißt: Der Facharbeiter Peter K. aus Frankfurt – dann war auch mit Gewalt keine Brücke zwischen Wahrheit und BILD-Geschichte mehr zu schlagen. Ohne Nachnamen und aus einer Großstadt, das heißt unauffindbar, unüberprüfbar, undementierbar. Solche Geschichten sind entweder frei erfunden oder haben so wenig mit der

Wirklichkeit zu tun, daß selbst einem BILD-Macher vor dem Gedanken, mit der Wahrheit etwa in Form einer Gegendarstellung konfrontiert zu werden, schwindlig geworden ist.

Andererseits spricht natürlich ein vollständiger Name keineswegs gegen Fälschung. Ich habe selbst so eine Geschichte gemacht, in einem Fall, wo ich glaubte, keinen größeren Schaden anrichten zu können.

Eines Tages fragt mich Schwindmann: ,,Haben Sie keine Geschichte?'' Er fragt es vorwurfsvoll, ich habe schon zwei Tage nichts mehr im Blatt gehabt. ,,Woran sitzen Sie denn?'' Ich arbeite gerade an dem Thema ,,Höhlenforscher im Harz''. ,,Das ist ja ausgezeichnet, machen wir!''

,,Es ist aber noch nicht soweit.'' Denn der einzige Höhlenforscher im Harz, den ich ausfindig gemacht habe, will unter gar keinen Umständen in die BILD-Zeitung. Er meint, dann würden die Höhlen von Hobby-Entdeckern übervölkert, und man finde schließlich nur noch deren Abfälle. Zudem will er nicht das Startzeichen zu einem gefährlichen neuen Modesport geben.

Nachmittags kommt Schwindmann zu mir: ,,Der Höhlenforscher ist fest eingeplant. Gehen Sie los und machen Sie die Geschichte.''

,,Aber der Mann ist nicht bereit dazu!''

,,Das ist jetzt Ihre Aufgabe, bringen Sie's ihm bei.[8] Und kommen Sie mir nicht ohne die Geschichte zurück!''

Was tun? Zwei Tage nichts im Blatt, jetzt eine fest eingeplante Geschichte platzen lassen, hätte bedeutet: Esser – Kurs fallend. Die Hausbörse für Schreiberlinge ist empfindlich wie ein Seismograph.[9] Und darin unterscheidet sich meine Situation nicht von der anderer Kollegen: Ich muß Erfolg haben, darf nichts riskieren. Wenn auch aus anderen Gründen: Die andern hängen mit ihrer beruflichen Existenz als BILD-Journalisten darin, ich mit meiner beruflichen Existenz als Entdecker, Aufklärer über BILD. Dennoch stehe ich unter dem gleichen Zwang, mitzumachen, will ich nicht die Arbeit fast eines Jahres umsonst getan haben.

Mir fällt ein, daß es in Hannover den Vorsitzenden eines Geologen-Verbandes gibt, der auf Teufel komm raus[10] mit seiner Mineralien-Sammlung in die BILD-Zeitung will. Ich rufe ihn an: ,,Wie ist das eigentlich mit ihren Mineralien? Liegen diese Sachen auch in Höhlen?"

,,Nee, in Höhlen gibt's so was nicht. Das stammt aus Felslandschaften. In Höhlen gibt's meist nur Tropfsteine oder Kreide." ,,Na, vielleicht gibt's doch einen Umweg wie wir ihre Mineralien ins Blatt bringen können. Können wir uns in einer halben Stunde ..." ,,Ja, ich weiß, Ihr BILD-Leute seid immer so schnell."

Ich fahre hin. Der Geologe hat noch den zweiten Vorsitzenden seines Verbandes dazugeholt. In der Wohnung gibt's eine reichhaltige Mineraliensammlung, versteinerte Mammut- und Walfischknochen, 20 Millionen Jahre alt. Ich will ihm gleich reinen Wein einschenken:[11]

,,Passen Sie mal auf: Sie kennen die BILD-Zeitung, Sie wissen, was da ernst zu nehmen ist und was nicht. Diese Mineralien, die könnten doch auch in Höhlen gefunden werden, wer weiß das schon!"

,,Ausgeschlossen!"

Er läßt sich nicht darauf ein.[12] Ich zeige ein Foto, das ich aus einer Illustrierten, die mal im Kino verteilt worden war, herausgeschnitten habe: Da zwängt sich einer mit Helm und Karbid-Lampe durch eine schmale Felsspalte. ,,Gucken Sie mal, der hat doch eine verdammte Ähnlichkeit mit Ihnen."

Doch der weiß gar nicht, was das nun wieder sollte.

,,Gut, ich sag Ihnen jetzt mal, wie das läuft. Wir werden Sie als großen Höhlenforscher aufbauen. Sie waren doch schon mal in einer Höhle?"

,,Ja, in einer Tropfsteinhöhle. Als Tourist. Aber deswegen bin ich doch kein Höhlenforscher."

,,Naja, da kann man ein bißchen drumherum schreiben. Jedenfalls verlagern wir Ihre hochinteressante und wichtige Mineraliensammlung in die Höhlen."

Er kapiert immer noch nicht. Er denkt wohl, was ist das

für 'ne komische Type, quasselt mich hier voll[13] ... Er beginnt wieder, von Gesteinsproben und Kosten der Mineralien zu erzählen, die er zum größten Teil nicht gefunden, sondern auf Auktionen gekauft hat.

Ich muß in einer halben Stunde in der Redaktion sein, mit Geschichte und Fotos. Nun wird dem Geologen doch unheimlich:

,,Lassen Sie auf jeden Fall meinen Namen aus dem Spiel!''

,,Ohne Namen keine Geschichte, das ist unser oberstes Prinzip, damit steht und fällt die Glaubwürdigkeit.''

Ganz hat er's immer noch nicht begriffen, als ich gehe, daß er jetzt zum verwegenen Höhlenforscher wird, der in den Eingeweiden der Erde herumkratzt.

Schwindmann ahnt, daß die Geschichte so nicht stimmt. Er fragt gleich: ,,Kann der Mann Spaß vertragen?'' Ich sage: ,,Vielleicht.'' ,,Die Geschichte muß davon leben, wie er diese ganzen Fossilien als Gebrauchsgegenstände in der Wohnung herumliegen hat.'' Und so sah sie aus:

Schwindmann fragte nicht, warum der ,,Höhlenforscher'' plötzlich doch bereit gewesen sei. Er fragt nie: ,,Stimmt die Geschichte denn auch?'' Und wenn sie noch so absurd ist. Stets fragt er nur: ,,Gibt's auch keinen Ärger?'' Das heißt, gibt's juristische Schwierigkeiten? Oder hält der Patient still?

Schwindmann und auch die anderen Kollegen wahren stets den Schein – vor jenem Abgrund, hinter dem dann gar nichts mehr ist. Jeder weiß, daß hier nicht journalistische Berufsethik zählt, aber keiner spricht es aus. Es herrscht eine stillschweigende Komplizenschaft.

Das Merkwürdigste: Der Höhlenforscher von meinen (und Schwindmanns) Gnaden[14] hält absolut still. Nicht einmal die Unterschrift zu dem Bild, das erkennbar ihn nicht zeigt, bringt ihn zu einem Protest. Vielleicht denkt er: Wer so weit geht, der geht noch weiter, mit dem kann ich es sowieso nicht aufnehmen. Es soll Bundesminister geben, die auf BILD-Erfindungen ähnlich reagieren.[15]

Der Hannoveraner, der schon 100 Höhlen erforschte

Allein und gut ausgerüstet kriecht er tagelang in der Erde herum

Von HANS ESSER

Hannover, 14. Juni. Als Briefbeschwerer dient ihm der versteinerte Wirbelknochen eines Walfischs: Alter 28 Millionen Jahre. Im Wohnzimmerschrank glitzern geheimnisvolle Bergkristalle und seltenes Nickelstein sowie die versteinerte Skelettreste eines Höhlenbären, der vor mehr als 200 000 Jahren den Marsunsicher machte. Hunderte von  selbstgebastelten Tropfsteinhat der Geologe, Mineralienmeister und Höhlenforscher Andreas Günther (37) in seinem Haus in Döhren aufbewahrt.

Mehrmals im Jahr steigt er in die „Unterwelt" und erforscht noch unerschlossene Höhlensysteme in ganz Europa. Auf sich allein gestellt und wie ein Bergsteiger ausgerüstet mit Steinschlaghelm, Bergschuhen und Karbidlampe, kriecht er tagelang in den Eingeweiden der Erde herum. Der Grund für sein Forschungsfieber: Erkenntnisse über die Entstehungsgeschichte der Erde und Abenteuerlust. „Wenn man nach Tagen der Entbehrung und Gefahren wieder blinzelnd das Licht der Welt erblickt, ist es, als ob man neu geboren würde."

Den über hundert Höhlen des Harzes hat der Wissen-

schaftler inzwischen den Rücken gekehrt. „Sie bergen keine Geheimnisse mehr." Und das schlimmste: „Am Wochenende sind sie von Hobbyforschern überlaufen. Dann findet man dort statt seltener Mineralien und Fossilien nur noch Konservendosen und den ganzen Wohlstandsmüll."

Das sind dann neue Forschungsaufgaben für Wissenschaftler der kommenden Jahrtausende!

Geologe Andreas Günther (37) auf Expedition in der Mörkhöhle im Dachsteingebirge.

Andreas Günther mit einer Expeditions-Trophäe: einem seltenen Bohnerzstein.

Die letzte Instanz

„Es ist also wichtig, daß diese Instanz BILD zwei Wesenszüge vereint: männliche Autorität und Durchsetzungskraft einerseits, mütterliche Fürsorge und mütterliches Verständnis andererseits. Die Übernahme der Über-Ich-Funktionen[1] wird hierdurch erst in vollem Umfange ermöglicht: Die Zeitung übernimmt damit in gewissen Bereichen eine ‚Elternrolle': man beugt sich nicht nur einer festen Autorität, sondern findet eine verständnisvolle Instanz, der man sich unbesorgt anvertrauen kann."
(aus einer vom Springer-Verlag herausgegebenen Analyse der BILD-Zeitung)

Täglich wenden sich Hilfesuchende an BILD. Von Behörden, Freunden oder Familienmitgliedern enttäuscht oder im Stich gelassen, wenden sie sich an „ihre" Zeitung wie an eine letzte Instanz. Einsame, Verzweifelte, Lebensmüde, Selbstmörder.

„BILD verkörpert für die Leser eine Instanz, die dafür sorgt, daß alles mit rechten Dingen zugeht[2] ..."
(aus einer vom Springer-Verlag herausgegebenen Analyse der BILD-Zeitung)

Sie erwarten von BILD Hilfe, ein offenes Ohr für ihre Probleme und Öffentlichkeit. BILD nährt diese Hoffnung durch die Rubrik „BILD kämpft für Sie". Ein Dampfablasser-Ressort, Beschwerde-Briefkasten[3] und gleichzeitig noch ein kostenlos anfallender Informationsfond, aus dem man sich die originellsten Fälle zum Ausschlachten heraussucht.

96

Gleichzeitig auch ein Abwimmlungsressort. Wenn Leser mit ihren Sorgen anrufen und der Redakteur spürt, da steckt „keine Geschichte drin'', verweist er an dieses Ressort nach Hamburg: „Dafür sind wir hier nicht zuständig. Da müssen Sie sich schon schriftlich an unsere Sonder-Redaktion ‚BILD kämpft' nach Hamburg wenden.'' Dort gehen täglich weit über Hundert Hilfeersuchen ein. Der einfachste Weg – wie gesagt – ist es, dorthin abzuwimmeln.

Häufig gehen Redakteure und Mitarbeiter aber auch auf die Ratlosen und Hilfesuchenden ein. Dann vertauschen sie oft die Rollen. Die anrufen, um Sorgen und Nöte bei BILD abzuladen, werden ihrerseits zum Schuttabladeplatz von angestauten Aggressionen und Zynismus der Herren BILD-Redakteure. Ich habe immer wieder erlebt, wie hier Ratsuchende in größter Not anstatt Hilfe oder Zuspruch zu erhalten, Spott und Hohn ernteten.

Heribert Klampf, (Ende 20), – er sitzt neben mir –, wird von einem Mann angerufen, der angekündigt hat, sich umzubringen, weil ihn seine wesentlich jüngere Freundin verlassen hat. Während er mit dem „Selbstmordkandidaten'' telefoniert, hat er bereits ein Foto neben sich liegen, das den Anrufer mit seiner Braut in glücklichen Tagen zeigt. Ich weiß nicht, wie er an das Foto gekommen ist. Klampf, abgebrochener Jurist[4] mit guten Kontakten zur Polizei, ist Spezialist in Fotobeschaffung. Wenn es darum geht, das Foto eines frisch Verstorbenen, Ermordeten oder eines Sexualmord zum Opfer gefallenen Kindes[5] zu besorgen, Klampf macht es möglich. Fährt zu den Angehörigen, murmelt etwas Unverständliches vor sich hin, worauf die Angehörigen wahrscheinlich annehmen, es handele sich um eine Amtsperson. Das wird ihm wohl schon so manche Tür geöffnet haben.

Die Angehörigen glauben, das Foto diene womöglich als erkennungsdienstliche Unterlage zur schnelleren Ergreifung des Täters und händigen oft ihr halbes Fotoalbum aus.

Je nach Einschätzung der Lage arbeitet Klampf auch nach der Schockmethode: „Wir können uns natürlich auch ein Foto vom Leichenschauhaus besorgen, aber das sieht dann nicht so gut aus.''

Manchmal reist er auch auf die ,,Mitleidstour'',[6] obwohl die mehr zum Repertoire des älteren Kollegen Viktor Löhlein gehört, der einen Herzanfall vortäuscht, um ein Glas Wasser bittet und damit erreicht, zum Ausruhen erst einmal in die Wohnung gelassen zu werden, und dann so lange bohrt, bis er die Fotos für die Veröffentlichung hat. (Ein juristisch nicht zu packender Hausfriedensbruch!)[7]

Heribert Klampf hat einen Spruch drauf,[8] der, mit entsprechender Gestik vorgeführt, deutlich macht, wie er seinen Job versteht: ,,Schaba-Schaba-Du,[9] meine Frau ist krank, Ihr Mann ist tot, haben Se nich'n Bild für mich?!'' Diese Beschwörungsformel wird nach gelungener Fotobeschaffungs-Aktion galant vorgetragen, indem er einmal um die eigene Achse tänzelt, während er die gespreizte Hand über seinen Kopf hält, so als wollte er sagen: Wen haben wir da wieder geleimt.

Dennoch hat Klampf nicht den typischen BILD-Zynismus entwickelt. Dafür ist er nicht kaltschnäuzig genug. Er wirkt häufig leicht euphorisiert, so als ob er Speed genommen hätte. Aber er nimmt keine Drogen. Er wirkt wie jemand, der nichts mehr richtig ernst nimmt. Manchmal schaukelt er sich beim Schreiben durch rhythmische Bewegungen in einen Glückszustand hinein und lächelt einen ganz verklärt an.

So wie jetzt, als er am anderen Ende der Leitung den Selbstmörder hat, der über BILD sein Vorhaben demonstrativ ankündigt.

Das folgende Protokoll ist die wörtliche Wiedergabe einer Szene, wie ich sie am 27. Juni abends auf der Redaktion miterlebe.

Ich sitze gerade an einer blutrünstigen Geschichte, die mir Schwindmann abverlangt hat: ,,Was Hannovers Scharfrichter pro Kopf verdienten.'' Auf die Idee kam er durch einen gleichartigen Artikel in der Hamburger Ausgabe der BILD-Zeitung.

,, ,Kommstu unter meine Hand und willtu nicht bekennen, will ich dich so lange ziehen uf[10] der Leiter, daß man mit einem Licht durch dich soll hersehen.' Damit drohte 1662 der

Braunschweiger Henker einer 14jährigen Angeklagten, die der Hexerei bezichtigt wurde. Als er mit seinem ‚peinlichem Verhör‘ zu Ende war, hatte das Mädchen schließlich ‚gestanden‘ eine Maus geboren zu haben", tippe ich in die Schreibmaschine, als ich Klampf ins Telefon sprechen höre: ‚‚Herr Kunde*, wieso leben Sie noch?" Zu mir, während er die Sprechmuschel zuhält: ‚‚Der hat schon 20 Schlaftabletten gefressen."

Ins Telefon: ‚‚Hat sich die Ingrid nicht bei Ihnen gemeldet? (Er zeigt auf das Foto, auf dem Herr Kunde seine 20 Jahre jüngere Freundin umarmt.)

Klampf (ins Telefon): ‚‚Was Sie nicht sagen, alles verschnitten? Nicht tief genug? Na, sagen Sie mal!"

(Zu mir leise: ‚‚Leider nicht tief genug.")

Ins Telefon: ‚‚Ach, Herr Kunde, Sie reden doch nur so, Sie trauen sich das ja doch nicht so richtig."

Und er legt auf. Ich glaube zuerst, Klampf spielt mir da etwas vor, macht sich da einen makabren Scherz mit mir. Aber er zeigt auf das Foto, die junge Verlobte, eine große Schwarzhaarige neben einem älteren Herrn mit Schnauzbart, der ein wenig wie ein Zigeuner aussieht. ‚‚Ich hab mit der Alten schon gesprochen", sagt Klampf. ‚‚Die ist stark, die Alte. Sie will das Leben noch genießen und ist mit einem Jungen losgezogen. Sie sagt: ‚Soll er doch.‘ "[11] Und dann sagt Klampf sehr genüßlich: ‚‚Die Geschichte lebt von dem Zitat: ‚Soll er doch‘ ... Wird eine gute Geschichte, das Foto hab ich ja schon!"

‚‚Du bist wahnsinnig", sage ich.

(Ich versuche mich zu beruhigen. Klampf hat schon einiges an Weinbrand intus.[12] Vielleicht zieht er nur eine Show ab.)

Ein weiterer Anruf kommt. Klampf greift zum Hörer: ‚‚Also, jetzt sagen Sie mal, Herr Kunde, wieso leben Sie eigentlich immer noch? Dann waren die Schlaftabletten wohl zu schwach? Jetzt hören Sie mir mal gut zu, − können Sie mir überhaupt

*Name geändert

noch folgen? Also jetzt hören Sie mal. Hauen Sie sich anständig die Hucke voll.[13] Kaufen Se sich erst mal 'ne Flasche Schnaps." (Hier bin ich nicht sicher, wie Klampf das meint. Ob er umgeschwenkt ist, und Kunde von seinem Entschluß abbringen will oder der Rat mit dem ,,Huckevollhauen'' ihm die letzte Hemmung vorm Selbstmord nehmen soll, damit er morgen ,,eine Geschichte'' hat ... ,,BILD war dabei ...?'')

Auch Uwe Klöpfer scheint seine Zweifel zu haben. Er meldet sich aus dem Hintergrund (spöttisch): ,,He, bist Du Pfarrer geworden?'' – ,,Bis Du da mit 'nem Fotografen vor Ort bist, soll der wenigstens noch warten."

(Schlaftabletten in Kombination mit Alkohol können die Wirkung erheblich steigern und letztlich durch Herzversagen den Tod herbeiführen. Es ist bekannt, daß bei bestimmten Schlafmitteln 15–30 Tabletten schon eine todsichere Dosis sind, wenn reichlich Alkohol dazukommt und der Selbstmörder einen schwachen Kreislauf hat. Wußte das Klampf etwa nicht?)

Inzwischen macht Polizeireporter Klampf in einer Versicherung an Eides statt geltend,[14] er habe die Polizei angerufen und sie gebeten, sich an Ort und Stelle zu unterrichten.

Viktor Löhlein, Nachrichtenführer, der vorbeikommt, mit wegwerfender Handbewegung zu Klampf: ,,Nimm's nicht tragisch. Diese Kunden kenn ich. Trau denen nicht, immer dasselbe, kommt nie was bei rum.''[15]

Klampf ist nicht etwa eine besonders brutale Ausnahme. Das Klima hier züchtet solche Verhaltensweisen. Schon der allgemeine Umgangston ist darauf angelegt.[16] So, als Schwindmann vom Selbstmord einer 68jährigen Frau erfährt, die sich aus dem 7. Stockwerk eines Hochhauses in den Tod gestürzt hat, und er Klöpfer beauftragt: ,,Da steigen wir ein. Du machst die Hüpferin.''[17]

Oder, als anläßlich des Selbstmordes von Barzels Tochter[18] der Lokalehrgeiz erwacht und man überlegt, welcher Bezug sich zu Hannover herstellen ließe. Als nichts dabei herauskommt, stellt ein junges Redaktionsmitglied betrübt fest: ,,Schade, daß sie das nicht in Hannover gemacht hat.‘‘

Oder: Hai zu Klampf: ,,Da haben sich zwei Kinder mit KK (Kleinkalibergewehr)[19] beschossen.‘‘ Klampf: ,,Dufte, prima. Tot?!‘‘ Hai: ,,Ne, nur schwerverletzt.‘‘

Selbst Gisela Schönberger, mit zwanzig die Jüngste in der Redaktion, reagiert kalt und zynisch, wenn es womöglich um das Leben eines Menschen geht. Sie hat sich sonst noch nicht dem allgemeinen Klima unterworfen. Sie gibt ihren Geschichten häufig nicht den erwünschten Dreh, muß sie deshalb immer wieder umschreiben und Schwindmann weist sie oft vor versammelter Mannschaft zurecht. Einmal stellt sie versonnen fest: ,,Wenn ich überlege. Jetzt bin ich schon genau ein Jahr hier. Vor drei Jahren hätte ich mir das nie träumen lassen. Da habe ich noch einen Abituraufsatz über die Manipulationen und Lügen der BILD-Zeitung geschrieben und heute sitze ich hier und mache mir die Hände selber schmutzig und mische kräftig mit.‘‘ Sie will hier weg, um ihr Studium weiterzumachen, sagt sie. Aber, das sagen einige hier. Vielleicht wird so für sie die Arbeit erträglicher.

Michael Bartz gerät in Gewissenskonflikte, und die fast noch kindlich wirkende Gisela Schönberger versucht, sie ihm auf besonders drastische Art auszureden.

Bartz hat eine Geschichte recherchiert über einen schießwütigen jungen Mann, der in der Nähe von Hannover auf Hunde geschossen hat und dabei spielende Kinder gefährdete. Die Geschichte liegt bereits einige Tage auf Schwindmanns Schreibtisch. Der fand, das sei keine starke Geschichte, – womit er von seinem Standpunkt aus wohl recht hatte –, ließ sie liegen, plante sie einmal mit 25 Zeilen (eine größere Meldung) in den Themenplan ein und verschob sie abermals. Da erhält Michael Bartz den Anruf der alten Mutter des Jungen mit dem Gewehr. Er ist nach dem Gespräch völlig geknickt, nachdem er zuvor vergeblich versucht hatte, die alte Frau zu beruhigen. ,,Sie meint es ernst, sie will sich etwas antun, wenn das über ihren Sohn erscheint. Ich finde, das ist die Meldung nicht wert. Man sollte sie sein lassen.‘‘

Was tut Gisela Schönberger? Hilft sie Bartz? Nein, sie sagt: „Sie sollten ihr heute noch eine Kopie des Artikels ins Haus schicken. Wenn Sie Glück haben, bringt die sich dann auf sehr originelle Art und Weise um: frißt Gift und steigt bei Mondschein in einen See oder so. Dann haben Sie morgen endlich die ganz große Geschichte."

Bartz kann nicht darüber lachen. „Ich muß wohl Schwindmann Bescheid sagen, ob wir die Meldung zurückhalten können." Er kommt zurück: „,Wir unterdrücken niemals und unter keinen Umständen Nachrichten', hat Schwindmann gesagt. Und: ,Was geht uns der Selbstmord dieser Frau an.' Er will sie bringen, ich habe mein Möglichstes versucht ..."

Und Michael Bartz *ist* tatsächlich *erleichtert*! Zwar hat er nichts erreicht, die Geschichte soll erscheinen und mit ihr soll riskiert werden, wovor Bartz sich noch vor Minuten so fürchtete, aber die Verantwortung trägt nun nicht mehr der Mensch Bartz, sondern der Vorgesetzte Schwindmann – nein, noch mehr: ein Prinzip, eine heilige Pflicht: Nachrichten dürfen niemals unterdrückt werden. Und obwohl Bartz täglich an sich und anderen erfährt, daß BILD nichts anderes tut, als Nachrichten zu mißhandeln und zu unterdrücken, gelingt es ihm, sich selbst am hohen Ideal blindzusehen. Ich habe geglaubt – mir wurde befohlen: Weltanschauung und Befehlsnotstand, das war auch jenes Gemisch, mit dem man sich in diesem Land schon immer zu beruhigen verstand.[20]

(Die Geschichte fiel schließlich doch noch raus – sie war zu langweilig.)

Die BILD-Redakteure wahren die in ihnen wohnende Selbstverständlichkeit des Taktes. Es sei denn, es geht um die Opfer. Da lebt sich zynische Verachtung aus. Diejenigen, von deren Groschen man lebt, werden bestenfalls, wenn man mild gestimmt ist, als „die kleinen Leute" tituliert. In aufgeräumter Stimmung heißen sie „Primitivos" (so der frühere BILD-Chefredakteur Peter Boenisch) oder „quicklebendige moderne

Analphabeten" (so der verstorbene Springer-Freund, ,,Welt"-
Chefredakteur, BILD-Kolumnist Hans Zehrer). Im übrigen sind
sie — und auch das erinnert —:[21] Menschenmaterial, Stoff für
die Aggressionen, die gesellschaftlichen Aufstiegsträume und
Abstiegsängste der Täter[22] am BILD-Schreibtisch.

Intensiv-Station

Ich fange an, mir selber fremd zu werden. Ich bin nun bald vier Monate bei BILD, und die mitgebrachten Bücher liegen noch immer unausgepackt im Koffer.

Ich ertappe mich dabei, daß ich nicht mehr in der Lage bin, Freunden ernsthaft zuzuhören. Steckt da doch keine Geschichte drin. Alles wird unmittelbar sortiert nach dem Gesichtspunkt der Verwendbarkeit. Für BILD.

Nach einem Monat in dieser Stadt, wurde ich mir bewußt, daß ich Hannover doch recht gut kenne, weil ich schon öfter, auch mal eine Woche, hier war. Aber nun ist es eine andere, fremde Stadt aus einem ganz anderen Blickwinkel. Die Altstadt, in der ich noch vor einem Jahr eine Straßenlesung gemacht hatte, hat ihr Anheimelndes verloren. Ich erinnere mich überhaupt erst wieder daran, als mich ein Hannoverscher Freund darauf aufmerksam macht. Es ist jetzt eine neue Stadt, eine Retortenstadt.

Wenn ich vom Redaktionsleiter rausgeschickt werde, vor Ort,[1] um Geschichten „aufzureißen", begegne ich Menschen wie Ausbeutungsobjekten. Lasse sie nicht ausreden, wenn sie von ihren Nöten und Problemen erzählen. Keine Zeit. Alles in meiner Umwelt wird auf unmittelbare Ausschlachtung für BILD selektiert. Alle ein bis zwei Stunden ein telefonischer Rechenschaftsbericht an Schwindmann. Ich höre mich reden wie einen routinierten, ausgefuchsten BILD-Schreiber. „Keine Angst, uns können Sie sich unbesorgt anvertrauen. Wir machen das schon."

Als meine Vermieterin, eine Assistentin der Universität, ihr Kind zu Hause erwartet und gegen morgen die Geburt überraschend einsetzt, die Hebamme zu spät kommt und ich bereits den Notarzt bestellt habe, reagiere ich wie der typische BILD-

Reporter. (Die Hebamme kommt im letzten Augenblick, als auch schon das Kind kommt. Ich beobachte vom Fenster aus dem 4. Stock, wie sie zuvor noch 50 Meter weiter zum Kiosk geht, um sich erst mal eine BILD-Zeitung zu holen!)

Es ist eine sehr dramatische Geburt, ich bin ganz hilflos und mache falsch, was man nur falsch machen kann. Das einzige, was ich von Geburten weiß, habe ich in alten amerikanischen Western gesehen: daß bei derartigen Anlässen Kessel mit Wasser auf den Ofen gestellt werden. Also setze ich Wasser auf den Elektroherd, bis es kocht und als die Hebamme aus dem Nebenraum nach Wasser ruft, schleppe ich eine Schüssel mit heißem Wasser an, so daß sie sich ihre Hände verbrüht.

Gegen Mittag rufe ich Schwindmann an und mache ihm klar, daß ich bei einer Hausgeburt „Erste Hilfe" leisten mußte. Zuerst maßregelt er mich am Telefon: „So kann ich mit Ihnen nicht arbeiten, wenn Sie sich an keine Zeiten halten." Dann schon beherrschter: „Hausgeburt, sagten Sie? Da seh ich unter Umständen eine Geschichte. Knöpfen Sie sich die Hebamme vor, reden Sie mit der jungen Mutter. Ich schicke einen Fotografen hin."

Auch das noch! Monika Müller, linke Soziologin, wird sich — mit Recht — nicht in der BILD-Zeitung verbraten lassen wollen. Aber ich habe nach dem Anschiß nicht die Kraft, einfach nein zu sagen. Schwindmann hat auch schon aufgelegt und der Fotograf ist unterwegs. Mir ist sehr mulmig zumute.

Zuerst rede ich mit der Hebamme, Hannovers einziger, die noch Hausgeburten macht. Sie ist auch schon BILD-geschädigt. Vor zwei Jahren war sie groß im Blatt als „Mutter Strauch". Und immer, wenn's dramatisch wurde in der Geschichte, ließ sie der Schreiber zu Gott beten. Die Geschichte endete damit, daß sie Gott anfleht, damit er ihr auf ihre alten Tage noch mal Drillinge zum Entbinden beschert — kein Wort davon wahr. Frau Strauch betet nie. Sie hält von „Kirche und solchem Spökes" gar nichts und auch vor Drillingen hat sie eher einen Horror, weil sie mit ihren medizinischen Möglichkeiten da unter Umständen überfordert wäre.

Nach dem Artikel war sie dem Spott ihrer Familie und der Kritik von Ärzten ausgesetzt, weil Beten bei Komplikationsgeburten nun nicht gerade das erprobteste medizinische Mittel ist. Ich verspreche ihr, daß ich das in meinem Bericht auf jeden Fall richtig stellen werde. Und sie spielt mit. – Monika ist zu geschwächt, als daß sie mir noch Widerstand entgegensetzen würde. Nur als die Hebamme für den Fotografen ihren Neugeborenen wieder auswickelt, um ihm an den Beinen fassend den obligatorischen Klaps auf den Po zu geben und das grelle Blitzlicht dem Kind nach dem Geburtsschock noch einen zweiten Schock versetzt, schreit sie auf.

Ich entschuldige mich, und es ist mir unangenehm, aber das Gefühl der Genugtuung überwiegt. So, das Foto hätten wir! Damit steht auch die Geschichte. ,,Du wirst nicht zu erkennen sein'', beruhige ich sie. ,,Und Neugeborene sehen doch alle gleich aus.''

Die Geschichte kommt recht groß in BILD und seitdem ist die Zahl der Hausgeburten in Hannover um fast 100 Prozent angestiegen, wie mir die Hebamme später zu meinem Entsetzen erzählt. (Denn Hausgeburten sind doch recht problematisch, wenn Komplikationen bei der Geburt auftreten!)

Später ist mir Monika noch einmal behilflich, als mir Schwindmann drei Themen hintereinander ablehnt:
1. ,,Arbeitslosigkeit: Reportage. Ab 7 Uhr früh ein Vormittag in einem Arbeitsamt. ,,Kein Thema'', sagt Schwindmann. ,,Die Leute nicht auch noch mit sowas belasten.''
2. Ein bein-amputierter Schwerkriegsbeschädigter, der sich auf einem Rollbrett durch Hannover quält. Das Sozialamt bestellt ihn wegen jeder läppischen Bewilligung ins Amt, wo er an keinen Fahrstuhlknopf herankommt und ständigen Demütigungen ausgesetzt ist. ,,Zu unappetitlich'', sagt Schwindmann. ,,Kein Thema für uns.''
3. Die zunehmenden Hakenkreuz-Schmierereien in Hannover zum Anlaß nehmen, die jüdische Gemeinde vorzustellen. ,,Kein Thema für uns. Da geh ich nicht ran'',[2] sagt Schwindmann.

Die Abfuhren lassen meinen BILD-Kurs stark fallen.[3] Also muß Monika mir noch mal aus der Klemme helfen. Sie stillt ihren Nikolas ganz frei und unbefangen in der Universität oder wo sie sonst gerade ist. Wer Anstoß nimmt, soll nach dem Grund dafür bei sich selber suchen. ,,Da machen wir eine BILD-Aktion draus. Frage des Tages: ,Ich stille, wo ich will.' '' Und mit Fotografin ziehen wir mit Monika und dem Baby durch Museen, Restaurants und Parkanlagen. Ich besorge für Monika Kopftuch und Sonnenbrille, damit sie nicht erkennbar ist. Und der Name wird geändert.

Dennoch. Alles um sich herum gerinnt und erstarrt zur verkürzten BILD-Floskel-Geschichte.[4] Ich stelle fest, daß mir bei Geschehnissen gleich Überschriften und Artikelanfänge einfallen. Und als ich eine private Auseinandersetzung mit meiner Freundin habe, versuche ich sie mit der ernsthaft vorgetragenen Feststellung abzublocken: ,,Laß mich endlich in Ruhe damit. Da seh ich die Geschichte nicht. Wirklich.'' Sie erzählt mir später, daß ich in der ganzen Zeit die eingesteckten Aggressionen an sie weitergab und insgesamt ein anderer war. ,,Typisch Esser! Wenn das der Wallraff sehen würde, der würde sich dafür schämen'', das war eine feststehende Redensart von ihr in dieser Zeit.

Am 21. April, nach eineinhalb Monaten, weist sie mich darauf hin, daß ich im privaten Gespräch zum ersten Mal von ,,wir'' spreche, als von der BILD-Zeitung die Rede ist. Sie hat mich auf ein soziales Thema aufmerksam gemacht. Spontanreaktion von mir: ,,Mit so was können *wir* hier nichts anfangen.''

Das Klima in der Redaktion ist bestimmt von Einschüchterung und Angst. Es herrscht eine ganz eiskalte Stimmung von Druck und Zwang. Die Kollegen unterhalten sich irgendwie lachend mit einem und dennoch, du hast das Gefühl, du gehst einen Schritt zur Seite und schon kriegst du eine in die Fresse oder dir wird ein Bein gestellt.

In diesem Klima lebt man nicht, man funktioniert nur noch. Roboterhaft. Mit einmal eingespeicherter Marschrichtung wirst du in Gang gesetzt.[5]

Du kannst kaum noch Anteil nehmen, denn das, was du speicherst, wird ständig abgerufen und überprüft. Du hast dein Programm drin und den Code hat Schwindmann und dessen Code hat Prinz[6] und dessen wiederum Springer, der da irgendwo unsichtbar über den Wolken schwebt und hier und da mit einem Fingerzeig die Richtung angibt.

Du nimmst keinen Anteil mehr, die wirklichen Menschen werden dir gleichgültig, du schaffst sie dir neu, nach Springers Eben-BILD. Du arbeitest in der Intensivstation der Massenträume. Bösartiger, unwirklicher, ablenkender Träume.

Die Traumfabrikanten, die Macher ziehen sich selbst an ihren eigenen Geschichten hoch. Es kommt vor, daß sie am nächsten Tag beim Lesen ihrer eigenen gedruckten Geschichten noch mal ergriffen sind. Über das Gedruckte im Blatt werden sie sich erst ihrer eigenen Existenz bewußt.

Ich bin im Blatt, also gibt es mich.[7]

Selbst mir geht es schon so. Ein öffentliches Anschnauzen von Schwindmann verunsichert mich, drückt meine Stimmung. Es kann vorkommen, daß ich auf ein vordergründiges Lob von ihm bereits voll abfahre.[8] Eine beängstigende Anpassung in so kurzer Zeit.

,,Sie haben es schon raus, Geschichten so zu schreiben, daß keine Fragen mehr offen bleiben.'' Und ich fange an, das für ein Lob zu halten, ja, mich darüber zu freuen. Als Hans Esser. Dabei ist es ein wirklicher Erfolg nur für Wallraff. Wenn Schwindmann es befürwortet, schaffe ich es vielleicht, in die Zentrale nach Hamburg versetzt zu werden.

23. Mai, 23 Uhr. Ich habe zwei Geschichten mit Verspätung abgeliefert. Schwindmann sitzt in seinem Büro und betrachtet im Fernsehen einen Edelwestern mit John Wayne. Schwindmann überfliegt das Manuskript, redigiert leicht. Hier eine Kürzung, dort eine Verstärkung. ,,Bring's rüber zum Layout.'' Dann förmlich: ,,Ich will mit Ihnen sprechen. Nehmen Sie Platz.''

Ich befürchte schon, er hat einen Verdacht, und rede mir zu: nur cool bleiben, nichts anmerken lassen. Diese Angst habe ich übrigens ständig: Schwindmann am Telefon zum Beispiel: „Was, der soll hier sein? In Hannover? Was Sie nicht sagen. Ist doch nicht möglich!" Und schon beziehe ich es auf mich und glaube mich entdeckt.

Aber bisher war es immer Fehlalarm. Selbst bei einem guten Bekannten, der plötzlich in der Redaktion vor meinem Schreibtisch stand und mich nach der Kollegin Höfken fragte. Es war ein Literaturveranstalter, der hier für mich unerwartet als Schlepper für Sanella auftrat, um einen Ostergedicht-Wettbewerb für Kinder unterzubringen. Er hat mich nicht erkannt. Ich saß nachher mit weichen Knien da. In der Kantine wurde ich zweimal erkannt. Von Redakteuren der „Neuen Hannoverschen Presse". Den einen konnte ich über meine Identität hinwegtäuschen: „Mit dem bin ich schon mal verwechselt worden. Aber ich bin es nicht, der hat doch 'ne Brille und 'nen Schnauzbart." Es hat ihn überzeugt. Der zweite Kollege steuerte unbeirrt auf mich zu und flüsterte nur: „Günter?" Durch beschwörende Blicke gab ich ihm zu verstehen, daß ich unerkannt bleiben wollte. Er hat's verstanden und mit keinem darüber gesprochen. Er kombinierte auch nicht BILD-Zeitung, sondern nahm an, ich würde im Verlagshaus Madsack neue Technologien, mit denen Setzer wegrationalisiert werden, auskundschaften.[9]

Die ständige Furcht, entdeckt zu werden, beschäftigt mich bis in meine Träume. Ich träume von allen möglichen Fallen, die man mir stellen könnte. Oder, daß meine Tochter Ines plötzlich in die Redaktion gelaufen kommt und mich stürmisch begrüßt: „Hallo Günter".

Auch fürchte ich, daß ich mich einmal gehenlassen könnte und am Telefon oder bei einer spontanen Begrüßung mich mit Wallraff vorstellen könnte.

Jetzt ist die Angst, enttarnt zu werden, wieder da, als mir Schwindmann seine Zigarettenschachtel entgegenschnellt und mich suggestiv auffordert: „Nehmen Sie schon! Kommen Sie!"

Er versucht es immer wieder. Ich kenne das Spiel schon und falle nicht mehr drauf rein, nachdem ich einmal schon reflexartig zugriff und ihm die Zigarette dann allerdings wieder zurückgab. Es erscheint ihm unheimlich und vielleicht sogar gefährlich, daß sich da einer von der Suchthaltung aller andern so deutlich absetzt. Es ist jeweils erneut ein Überrumpelungsversuch. „Nein, wirklich, vielen Dank. Ich hab's mir wirklich abgewöhnt. Sie wissen doch, der Raucherblitz.[10] Er wirkt immer noch." Schwindmann mit ungewohnter Freundlichkeit in der Stimme: „Ich wollte Sie fragen, wie Sie sich bei uns fühlen und ob Sie zufrieden sind?"

Ich: „Es fängt an, Spaß zu machen." Schwindmann: „Das freut mich. Ich kann Ihnen das ruhig so offen sagen, sie sind einer der besten Schreiber hier. Sie haben den Blick fürs Wesentliche. Das Problem ist, daß Sie mit der Zeit noch nicht so hinkommen.[11] Aber das legt sich. Ich werde Sie verstärkt dem Streß aussetzen, dann kommt das von selbst." Schöne Aussichten!

Auf meine heutige Aufmacher-Geschichte anspielend (eine „Unternehmerhuldigung" mit kaum versteckten ironischen Untertönen, die aber wohl nur meiner eigenen Entlastung dienen und hier nicht wahrgenommen werden): „Ich möchte Sie mehr auf Themen ansetzen wie heute. Es gibt doch sicher noch mehr solche Unternehmer in Hannover. Sie müssen sie aufspüren. Wir brauchen solche Geschichten von Unternehmern, die ihr Vermögen aus dem Nichts gestampft haben. Wir müssen sie als Vorbilder und Orientierungshilfen aufbauen."

„Ich gehe gern an solche Themen ran", sage ich. „Man brauchte nur etwas mehr Zeit, um die Leute zum Reden zu bringen. Das geht nicht in einer halben Stunde, jemanden aufzutauen. Ich habe Psychologie studiert. Ich weiß, wie man Menschen hinter die Fassaden guckt ..."

Schwindmann: „Das gefällt mir bei Ihnen. Sie haben Blut geleckt, nehmen die Fährte auf und sind kaum noch zu halten, wie der Hund an der Kette.* Ich beobachte das schon die ganze Zeit an Ihnen. Sie sind dabei, den richtigen Spürsinn zu entwickeln. Nur weiter so, Sie sind auf dem richtigen Weg ..."

---

*Ein Bild, das von seinem obersten Kriegsherren stammt. Axel Cäsar Springer spricht von BILD als von seinem „Kettenhund".

Wenn ich auf einen Termin vor Ort geschickt werde, komme ich mir vor, wie ein Freigänger aus dem Knast. Anfangs dachte ich noch, ich schaffe BILD, immer häufiger befürchte ich jetzt, BILD schafft mich.[12]

Tagebuchnotiz:
Was ist das eigentlich, was sich da verändert? Man geht durch etwas durch, und es bleibt immer etwas hängen, man soll nicht so tun, als wenn man völlig unbeschadet wieder herauskäme. Irgendwas färbt ab, es ist wie beim Rauchen: man braucht mindestens die gleiche Zeit, die man nicht raucht, bis das wieder absorbiert ist, so ist man hier auch irgendwie infiziert. Man braucht eine lange Zeit. Was hat sich da verändert? Vielleicht ist man fortan etwas kaltschnäuziger, abgebrühter, kälter manchem gegenüber geworden, geht über einiges leichter hinweg, es berührt einen manches nicht, was früher Entsetzen ausgelöst hätte. Man sagt, ich sehe die Geschichte nicht.

Ich merke, wie der Apparat mich absorbiert, auf den Leim lockt, aufweicht und umdreht. Es ist, als wollte ich eine Reportage über Drogenmißbrauch machen und hätte mich – nur um zu wissen, wovon ich schreibe – selbst gespritzt. Komme ich überhaupt von diesem Trip einigermaßen heil wieder runter? Sicherheitshalber setze ich die Droge immer mal wieder ab, mache einen oder ein paar Tage krank, fahre nach Köln oder Hamburg, zu Freunden, die ich einweihe, obwohl ich weiß, daß viele von ihnen das Geheimnis unterm Siegel der Verschwiegenheit weitergeben. Doch selbst diese Gefahr nehme ich in Kauf (und es stimmt im Rückblick froh, daß so viele es gewußt haben und doch vier Monate lang nichts auf die andere Seite drang, keiner mich für Geld oder Karriere verraten hat).

Am Nachmittag des 22. Juli wurde Günter Wallraff von einem Freund aus Hamburg telefonisch gewarnt: Ein Magazin[13] *habe die Meldung gedruckt, Wallraff sei als Hans Esser bei BILD-Hannover tätig. Der Andruck sei bereits beim Springer-Verlag bekannt. Wallraff mußte seine Arbeit abbrechen.*

Ein „Untergrund-Kommunist" schlich sich ein

rb **Hamburg, 23. Juli**

Günter Wallraff war drei Monate unser Kollege. Wallraff, der sich unter falschem Namen schon bei Gerling und anderen Firmen und Institutionen einschlich, hat sich auch bei BILD eingeschlichen. Wallraff, den man laut Gerichtsbeschluß ungestraft einen „Untergrundkommunisten" nennen darf.

Er kaute gern auf Gras und auf Blättern, kippte auch schon morgens mal ein Glas Whisky „Ballantines", löffelte Vitaminpulver und fluchte, wenn er beim Tischtennis verlor. Er beugte immer tief den Rücken, konnte keinem so recht in die Augen schauen, sprach allzuoft mit sanfter Stimme „jawohl".

Er habe bei einer Werbeagentur in Düsseldorf gearbeitet, und nun wolle er sehen, wie man Journalist wird.

Diese Geschichte war so falsch wie der Name: Hans Esser. Er ließ sich einen Hauspaß auf diesen Namen ausstellen, sprach damit als Reporter bei Lesern und Behörden vor, und an seinem Telefon meldete sich eine Frauenstimme nur mit „Hallo".

Er schlief dort in einer Kommune — heute sagt man Wohngemeinschaft dazu.

Er tarnte sich gut; verdiente auch gut: 8455 Mark in drei Monaten, denn er hat Talent zum Schreiben.

Er spielte falsch und niederträchtig mit den Kollegen, die ihn als echte Kollegen aufgenommen hatten.

Vor genau einem Monat meldete er sich ab, mit Magenschmerzen. Seitdem ist er wieder im Dunkeln verschwunden, aus dem er sich anschlich. Und schreibt nun wohl, was er alles in der BILD-Lokal-Redaktion Hannover erlebt haben will.

Er wird einen Kübel voll Jauche ausgießen, dieser falsche Kollege. Sei's drum.

Immerhin hat er sich bei uns das Rauchen abgewöhnt — wohl weil er so viel arbeiten mußte.

Ein Untergrundkommunist schlich sich ein: Wallraff. Natürlich ohne Bart   So kennt ihn jeder ...

114

Notes to the text

In these notes no explicit distinction is made between translation and paraphrase, both of which are indicated by inverted commas to distinguish them from commentary.

Vorbemerkung (38−41)

1 **die Morde von Drenkmann, Buback und Ponto und den vier Begleitern Schleyers:** Terrorist assassinations: Günter von Drenkmann, West Berlin's highest judge, was shot on 10 November 1974; Siegfried Buback, the Chief Attorney of the Federal Supreme Court, was shot on 7 April 1977; Jürgen Ponto, a leading banker, was shot on 30 July 1977. Hanns Martin Schleyer, president of the employers' federation, was abducted on 5 September 1977; in the course of the abduction Schleyer's chauffeur and his three police guards were shot dead. As Wallraff's footnote indicates, he wrote this 'Vorbemerkung' *after* Schleyer's abduction, but *before* he too was eventually found dead on 19 October 1977.

2 **in Terroristennähe gerückt wird:** 'is virtually equated with terrorism'.

3 **Sympathisanten und Helfershelfer:** 'aiders and abetters'. Terms widely used in the late seventies − especially in the right-wing press − to denounce alleged supporters of terrorism. This 'Vorbemerkung' was written at a traumatic moment in West German history, and Wallraff is here drawing a parallel between the acts of the terrorists and those of the *BILD-Zeitung*: the difference, he claims, is that only the former are met with the full weight of the law.

4 **Täter ... Opfer:** The first of many references to the staff of the *BILD-Zeitung*. Wallraff is fascinated by the psychology of the *BILD* reporters, and wonders whether they are not themselves 'victims' rather than 'culprits'. There is an interesting echo here of the closing shot of the film *Die verlorene Ehre der Katharina Blum*, in which the wreath donated by Tötges' colleagues is seen to bear the inscription 'Unserem Kollegen − Opfer seines Berufs'.

5 **einem zweiten Buch:** This was to be *Zeugen der Anklage*.

6 **Hilfsfond:** 'aid fund'. In fact the spelling is wrong: the word 'der Fond' means 'background' (in a painting or a stage-set) or the 'back seat' of a car; the word for 'fund' is 'der Fonds'. Both are pronounced French-fashion, and sound identical.

7 **Gegendarstellungen:** 'counterstatements': West German press laws require newspapers to publish *Gegendarstellungen* if asked to do so by individuals who feel they have been inaccurately reported on. The *BILD-Zeitung*, with a team of lawyers always to hand, has the reputation of making this right very difficult for ordinary people to realise. It was, however, obliged to carry half a page of *Gegendarstellungen* after printing the series − entitled 'Wallraff log' − attacking Wallraff that followed his period at the paper.

8 **ständiger Rechtsaußen-Kolumnist im Springer-Sold:** 'permanent outside-right (i.e. right-wing) columnist on the Springer payroll'.

9 **IG:** 'Industriegewerkschaft' − 'union': a common abbreviation in trade union names. The 'Revolt-Verlag' in Habe's mock blurb is clearly meant to echo the Hamburg-based 'Rowohlt Verlag'.

10 **warum er bloß ... das viel Näherliegende:** 'why he had only hit upon the idea of the trade union and not something much more obvious'.

11 **die für ihn ... formen:** 'who shape reality for him in accordance with the way he would have it'; perhaps a pun on the world 'Bild' is also intended here.

12 **Aber wer nimmt einem das ab?:** 'But who would buy it?' (i.e. 'Would anyone believe it?') Wallraff feels the *BILD* journalist is a much more complex character than the totally objectionable villain in Böll's *Katharina Blum*.

13 **Wolf Biermann ... Ausbürgerung aus der DDR:** The critical poet and singer was deprived of his East German citizenship ('ausgebürgert') by the GDR authorities while he was on a concert tour of West Germany in November 1976. Since then he has lived in the Federal Republic.

14. **irgendwo im faschistischen Ausland:** In deliberately misleading the audience as to Wallraff's whereabouts Biermann is also making a very barbed comment about the *BILD-Zeitung*.

Berührt − geführt „Im Namen des Volkes" (42−51)

1 **Berührt − geführt "Im Namen des Volkes":** 'Berührt − geführt' has the sense of the English expression 'In for a penny, in for a pound' here. The German phrase comes from the game of chess, referring to the rule that if a piece is touched, it must be moved: Wallraff obviously feels that, much as he would like to pull out, he is now stuck with the obligation to see his exploit through. (In the first edition of the book the phrase comes up in relation to a game of chess that Wallraff plays with Schwindmann in the latter's flat: this section describing Wallraff's impressions of Schwindmann has been excised from later editions as a result of a court ruling.) 'Im Namen des Volkes?' is in fact the heading of the following section (omitted in this edition) in which Wallraff explains that as a result of a court injunction he is no longer allowed to report on the visit to his new boss's flat that was described in the early editions of the book. The question mark asks the reader to consider whether the court's decision was really in the public interest.

2 **zensiert:** the first of a number of texts in the book that has had to be cut as a result of injunctions obtained by the Springer Press. (See note 54 below.)

3 **auf Karriere getrimmt:** 'made up specially to get ahead'.

4 **Geschniegelt ... erfolgsgebräunt:** 'Hair slicked back and trimmed, ski-slope sun-tan to show I've made it'.

5 **und sich ... vergewissern muß:** 'and has to give his ego an extra boost with a solid gold signet ring (borrowed)'.

6 **ruchbar:** the term 'ruchbar werden' is somewhat antiquated and means 'to become known' or 'to slip out' (usually of an unpleasant or hidden fact). It is clearly being used with punning intent here because of its overtones of 'der Geruch', 'smell'.

7 **nach Portugal:** many German left-wingers in the late 1970s had dreams − which a few realised − of going to work on one of the cooperative farms

of Southern Portugal that had been taken over by the farm labourers in the wake of the revolution of 1974; Wallraff himself lived on one such cooperative in the early months of 1976.

8 **selbst ... Händen:** 'even if you are completely useless with your hands'.

9 **als ... ankettete:** a reference to Wallraff's one-man demonstration of May 1974 (see Introduction, p. 8 above).

10 **trage ich meine Haut zu Markte:** 'I'm risking my neck'.

11 **daß dir Hören und Sehen vergeht:** 'till you won't know whether you're coming or going'.

12 **Zackig ... introvertiert:** 'dynamic, hard as nails, always a jump ahead ... don't be so concerned with niceties, so defensive and introverted'.

13 **'Katharina Blum':** clearly the film, rather than the book, of *Die verlorene Ehre der Katharina Blum* is being referred to here (see Introduction, pp. 17–19 above).

14 **Kehr den Sicheren raus:** 'put on a show of self-confidence'.

15 **ihnen kann keiner mehr:** 'no-one else is a match for them any more'.

16 **leistungsorientiert ... Werbung:** 'an obsessive achiever, always thinking of money, I've been in advertising'.

17 **Die Zeitung wurde ... aufgegeben:** A common story: the – in any case never very strong – party press in West Germany has now dwindled to almost nothing.

18 **schmiß sich ... Markt:** 'went into the market with all guns blazing now that it was wide open'.

19 **Einstieg:** 'way in', 'entrée'. The word, and its verbal form 'einsteigen', become something of a Leitmotiv in this section: it is a favourite term of Schwindmann's, and Wallraff ironically points this up by italicising it whenever Schwindmann uses it. 'Schwindmann', like the names of the other *BILD* staff in *Der Aufmacher*, is a pseudonym invented by Wallraff to protect the individuals concerned and to avoid legal complications.

20 **der dieser Abhängigkeit nicht unterliegt:** 'who isn't dependent in this way' (i.e. on the *BILD-Zeitung*).

21 **Studentendemonstrationen und Auslieferungsblockaden:** A reference to the events of Easter 1968 when student demonstrators prevented the distribution ('Auslieferung') of Springer papers by blockading the company's buildings (see Introduction, p. 17 above).

22 **Neutrale Wagen ohne Aufschrift:** 'anonymous-looking vans without any inscription on them'.

23 **Mülltransportern ... ablagern:** An apt image, given Wallraff's view of the damage the *BILD-Zeitung* does to the social and political environment; it also clearly relates to the insights he has gained into the illicit practices of industrial concerns. 'Wilde Deponien' are illegal waste-tips ('fly-tipping').

24 **Kontaktlinsen:** Wallraff, who normally wears glasses, has switched to contact lenses as part of his disguise. In his disguise as Ali the Turk (*Ganz unten*) he even wore darkened contact lenses to make his eyes look more Turkish.

25 **und ginge einer Anzeige gegen ihn nach:** 'and was looking into a report that had been made to the police about him'.

26 **würde er ... anbauen:** 'it had been alleged that he was growing cannabis in order to make some hashish for himself'.

27 **nahm mir den Kripobeamten ab:** 'he fell for my disguise as a CID man'.

28 **Remy Martin:** A brand of cognac.

29 **einsteigen:** Note the italics, also used twice more on the following pages (see note 19 above).

30 **Festeinstellung:** 'a permanent post': in his analyses of the psychology of the typical *BILD* journalist Wallraff sees the fact that the majority of them are deliberately hired as 'freelancers' without any job security as a major reason for their subservience to the *BILD* machine. As we have seen, however, his friend Alf has resolved never to go back (it would obviously be impossible to keep his job in any case once Wallraff's guise is uncovered), so he can turn down Schwindmann's offer — something that most of his colleagues would have jumped at.

31 **verkürzte Aussage ... sagen:** 'coming straight to the point, chipping away to give a clear outline to what you're getting at, putting things as briefly and catchily as possible'. Wallraff's analysis of *BILD*'s methods is very acute, and the comparison with the techniques of the advertising world is very near the knuckle. Schwindmann, however, takes it as a compliment, which in its turn tells us a lot about *his* attitude to his job.

32 **Nach dem Muster ... anbieten:** This description is very close to the Springer Verlag's own 'hauseigene Analyse' of the way *BILD* works. It suggests a paper that is far removed from the ideal functions of the press in a democracy: instead of seeking to clarify what is going on in the real world and thereby giving readers the wherewithal feely to make up their own minds, *BILD* actually sows confusion and alarm, then cynically offers *itself* as the means by which the world can be set to rights.

33 **Zulieferant mit Halbfertigprodukten:** 'supplier of semi-finished products': Wallraff is playing an increasingly hilarious verbal game at Schwindmann's expense, describing in often only thinly veiled terms who he actually is.

34 **Wichtig für mich ... gesehen habe:** Here Wallraff comes closest of all to describing his own technique — especially in the words 'Reportagen vor Ort zu machen und mich der Wirklichkeit auszusetzen' — but Schwindmann still fails to realise whom he is talking to: on the contrary, he clearly admires what he is being told.

35 **verbraten:** 'fry up': another term that Wallraff sees as typical of Schwindmann's attitudes, and hence italicises.

36 **Ja ... Durststrecke ist:** 'Yes, even if it's pretty tough going to begin with'.

37 **Das haben Sie ... über:** 'You'll have got the hang of things in a few months at the outside. It'll become second nature to you'.

38 **standen wie eine Eins:** 'were tops': 'eine Eins' is a top mark on school work.

39 **Ich werde 30:** 'I'm coming up for thirty'.

40 **Am besten ... läuft:** 'Best see straight away how things go'.

41 **Die Möglichkeit ... drin:** 'It's certainly a possibility'.

42 **einkaufen:** 'buy in': another italicised word, showing that Wallraff sees it as typifying Schwindmann's attitude to his employees.

43 **Da liegt man ... drunter:** 'You could actually be earning less on a fixed contract'.

44 **wir gehen mit harten Bandagen ran:** 'we go for it with no holds barred'.

45 **welche Themen Ihnen liegen:** 'what sorts of topics would suit you best'.

46 **aufgemacht:** the first use — as a verb — of the word that was to give the book its title; here it has the sense of 'blown up into something big'.

47 **bei der psychologischen Kriegsführung:** again an ironic reference to the truth: Wallraff was in fact subjected to psychiatric assessment in the *Bundeswehr* for

his refusal to bear arms. There is also the suggestion that what was done to him was 'psychologische Kriegsführung'. Schwindmann's enthusiastic response again says a lot about his attitude to running a newspaper.

48 **Wenn Sie ... knallhart:** 'If you get things down in a racy, laid-back style, and, if need be, as hard as nails'.

49 **Ich soll ... zu werden:** here Wallraff puts together the terms that for him typify Schwindmann's attitudes.

50 **Der Jargon ... mit ein:** 'The way he talks is reminiscent of underworld slang: let's pull off a job together; you'll be in on this too. And when the job's been pulled off we'll buy you in along with the loot as a reward'.

51 **Vogelfreie:** 'outlaws': in this paragraph Wallraff describes the plight of the 'freelance' reporters ('die Freien'), and uses the 'vogelfrei' pun to emphasise that they are beyond the pale of the law − i.e. lacking the legal protection that regular employees enjoy.

52 **keinen Urlaubsanspruch ... ausgeliefert:** 'no holiday entitlement, no national insurance cover, no protection against dismissal. They are completely and utterly at the mercy of whatever the chief editor decides to do'.

53 **kreucht:** An obsolete form of 'kriecht' − 'crawls, creeps'. It echoes the biblical 'alles, was da kreucht und fleugt' − 'all creatures that do creep and fly', and suggests a rather contemptuous attitude to the *BILD* readers in their gardens, as if they were beetles creeping around. The German 'Kleingarten' is not the same as a British 'allotment': it is not so much a vegetable patch as a meticulously tended place of retreat with a lawn and flowers, often a little wooden summer house, and the ubiquitous garden gnomes.

54 **zensiert:** Early editions of the book carried at this point Wallraff's account of the daily editorial conference at the *BILD-Zeitung*. A court verdict of January 1984 obliged the excision of this section from future editions of *Der Aufmacher*. Wallraff then replaced it with an ostensibly fictitious account, but, by using the same 'disclaimer' (and the same title − 'Die ZEITUNG') that Heinrich Böll uses in *Die verlorene Ehre der Katharina Blum*, he makes it quite clear that he is actually describing the real event. His account shows how not only the individual reporters, but the five regional editorial offices of the 'ZEITUNG' compete with one another to get their stories into the paper, and how the process of creating a true 'ZEITUNGS-Geschichte' means that what actually appears in the paper often bears scant resemblance to the reality it purports to describe.

,,Bei Sturm schwappt das Wasser aus der Badewanne'' (52−54)

1 **brach sein Temperament ... ohne Energie:** 'he lost his temper: "Something that should have been rehearsed with a whip instead comes out limp and lifeless." '

2 **völlig an den Bedürfnissen der Bewohner vorbeigebaut:** 'built with no regard at all for the inhabitants' needs'.

3 **gerät ... in die Klemme:** 'the company that built it has got into financial difficulties'.

4 **am Verkommen:** 'beginning to fall to bits'.

5 **seine Zitate werden ... gelegt:** 'his remarks later get attributed to her'.

6 **ob sich ... kräusele:** 'whether you get little ripples on the surface of water'.

119

7 **Zu den Füßen ... darüber ...:** 'Beneath your feet a sea of twinkling lights, and up above ...'.

8 **es geht blitzschnell ... das Prickelnde:** 'it only takes a second, one more turn and the truth has been turned into the *BILD* story, something to excite and titillate'.

9 **Das ist das Strickmuster:** 'That's the way it's done'. 'Das Strickmuster' is a 'knitting pattern', and Wallraff uses the term to emphasise that *BILD* stories fit in with preordained models rather than with reality.

10 **Widerspruch ... Stimmungen:** A very Brechtian observation.

11 **BILD ist auch ... anzufangen:** '*BILD* also works against boredom, it helps people get over their inability to make sense of the world around them'.

12 **Analyse der BILD-Zeitung:** Wallraff inserts extracts from this analysis at various points in the text. Over a hundred pages long in its original form, it was commissioned by the Axel Springer Verlag from a team of market researchers in 1965, partly with the aim of aiding the paper's producers to understand more clearly just what they were doing, and partly as promotional material for potential advertisers in the paper. For Wallraff what it reveals about the *BILD-Zeitung* clearly needs no comment.

Kälteeinbruch (55–59)

1 **Bartz:** A reporter in the *BILD* office for whom Wallraff in an earlier section expresses admiration because of his untypical 'Gefühl für Wahrhaftigkeit und Aufrichtigkeit'.

2 **der ins Wasser gefallen ist:** 'that fell through'.

3 **da war nichts ... Kälte:** 'it wasn't true about all the storms and the cold weather'.

4 **stellen Sie sich nicht so blöde an:** 'don't be so feeble'.

5 **vom Regen in die Traufe:** The expression is usually translated by the English phrase 'out of the frying pan into the fire', but clearly the imagery of the German original is much more apt here. 'Die Traufe' means 'the eaves' of a house, or, in this case, the water dripping from them.
Langenhagen: Hannover airport.
Der Strand ... vergessen: 'As for the beach that I'd been looking forward to so much − you could forget it'.
Vor lauter Kälte ... trainiert: 'I kept practising my marathon runs to get away from all the cold weather'.
der spanischen ... Mallorca: The *BILD* article reveals a shaky grasp of geography here: neither the Algarve nor Madeira are on the 'Mittelmeerküste', and nor are they part of Spain.

6 **BILD-Geschädigter:** 'BILD victim': more or less synonymous with that other Wallraffian neologism 'BILD-Opfer'.

7 **Das hätten ... zu schicken:** 'They could have saved themselves the bother of sending someone out specially to the airport'.

8 **im Rahmen ... Gemeinschaftsbesuchs:** 'as part of a group visit that was included in the Neckermann package': Neckermann is a large West German holiday tour operator.

9 **Allein in meinem ... herumgedreht worden sind:** 'Just among people I know there are three who've said things that *BILD* has totally misrepresented'.

10 **Er lügt wie gedruckt:** Another German expression that − as Wetzel points out − seems singularly apt in this context. It can only be expressed in English by something like 'He's a dreadful liar', or 'He'll lie through his teeth'.

11 **Zwar bekamen sie ... Lokal-Ausgabe:** Outside the five big centres (including Hannover) that have their own local editions of *BILD*, the rest of the country receives the 'national' *Bundesausgabe*. This is also the edition on sale in overseas holiday areas like Mallorca, and thus holidaymakers there would not see the 'Kälteeinbruch' story, which appears only in the Hannover edition.

12 **Wenn Alfred K. ... nachprüfen:** Wallraff is here parodying the kind of fantastic incident that *BILD* revels in, but which can never be verified because it concerns an anonymous person from a big city.

13 **Chuzpe:** 'gall', 'brazen nerve': a Yiddish term, from the Hebrew for 'insolence' or 'audacity'; normally spelt 'chutzpa' when used in English.

14 **hatte sich Schwindmann ... besoffen:** 'Schwindmann had gone quite nuts over the idea of giving those who hadn't gone away something they could really gloat about, as well as over his headline'.

15 **konnte er ... runter:** 'he couldn't come down off his high again': 'der Trip' follows on from the notion of *BILD* as a drug.

16 **So mußte er ... zu werden begann:** The image is of *BILD* as a party where only a po-faced spoil-sport would turn on the light.

17 **Nicht erhellt ... Ersatzdrogen:** 'The *BILD* reader is not meant to be enlightened, he is supposed to buy 35 pfennigs-worth of emotions, stimulations, substitute drugs'.

Vom ,,Stadtschwein'' und vom ,,Landschwein'' (60−62)

1 **Stadtschwein ... Landschwein:** This section looks at various reporters working in the Hannover *BILD* office. Only the first four of the original fifteen pages are reproduced here. The title refers to two reporters mentioned later who deal with city and *Land* politics respectively.

2 **Wer bei der Prüfung ... eines Akkordarbeiters liegt:** 'Anyone who takes account of overtime and holiday shifts when checking their monthly pay statement doesn't take long to see that their hourly rate is less than that of someone on piece-work'.

3 **Umgekehrt ... nicht zu honorieren:** 'On the other hand he takes the liberty of sometimes not paying for something that *has* been handed in'.

4 **Absolutismus Anno 1977:** 'Absolutism 1977-style'.

5 **Ressortleiter für Lokales:** 'local news editor'.

6 **mobile Feuerwehr:** The image implies that the reporter in question is always 'on stand-by', ready to leap in in an emergency.

7 **Die Regulierungskräfte ... auf Linie:** 'The dynamics of an open-plan office ensure that deviants are always brought back into line'.

8 **Der Redaktionsleiter ... Schreibzwang wird:** 'The editor-in-chief lays down the line to be taken, and this then becomes the way things are and the way things are to be written'.

9 **Wenn was ... verstößt:** 'If something fails to fit the *BILD* approach'.

10 **Verinnerlichen ... Soziologisch:** 'It's what the sociologists call "internalising" '.

11 **Nichts ist ihm triefend ... aufgelöst werden:** 'Nothing is soppy enough for him, nothing is schmaltzy enough, screwy enough, or sufficiently over the top, a lot of things are "too newsy", "too down-to-earth", don't have enough "zing",

everything has to be reduced to the simplest possible level, all contradictions have to be ironed out in the next sentence'. A revealing set of observations on both the style and the philosophy of the *BILD-Zeitung.*

12 **ist sogar ... die Luft raus:** 'even the "free-lancers" have run out of steam'.

13 **Vertriebenen-Organisation ... Jungen Union:** These functions indicate that Borchers' politics are not the same as Wallraff's. 'Vertriebene' are 'expellees', refugees – or their descendants – from the former German Eastern territories now in the Soviet Union, Poland, and other parts of Eastern Europe, and their predominantly right-wing 'Vertriebenen-Organisationen' commonly call for the reincorporation of these territories into a greater Germany. The 'Junge Union' is the youth organisation of the CDU, roughly the West German equivalent therefore of the British Young Conservatives.

14 **Sternfahrt mit dem Fahrrad nach Gotland:** 'cycle rally converging on Gotland': Gotland is a Swedish island in the Baltic.

15 **um ihn BILD-gerecht zu formen:** 'in order to mould him in the *BILD* model'.

16 **Denn Borchers ... im erwünschten Sinn:** 'Because Borchers doesn't display the hardness and callousness required of him, he doesn't give his stories the desired twist'.

17 **Er hat nichts ... über alles hinweg:** 'There is nothing of the "man-of-the-world" affectation about him that people soak up here, he doesn't have the usual casual aloofness from everything'.

18 **Aus einer gewissen ... das Übertölpeln von Schwächeren:** 'It would be all too easy here for a certain easy-going approach to turn into a lack of scruples that trampled everything underfoot, for persuasiveness to turn into the knack of forcing others to change their minds, for understanding to become conformism, and for the ability to outwit one's superiors to turn into running rings round those who are weaker'.

19 **Eine vorschnelle ... Borchers' Beispiel lehrt:** 'You don't get anywhere jumping to superficial political conclusions about things, as I discover from the case of Friedhelm Borchers'. As we have already seen, Borchers is politically on the Right, yet he still maintains his integrity in the face of the *BILD* philosophy: in his efforts to understand the psychology of the *BILD* journalist, Wallraff has now learnt that political attitudes alone do not explain how the journalists approach their job.

„Sein letztes Kommando: Drei Jagdhunde" (63–68)

1 **Bundesgrenzschutzgeneral a.D.:** 'retired Federal Border Guard General': the *Bundesgrenzschutz* is the nearest thing West Germany has to a paramilitary national police force. 'a.D.' = 'außer Dienst'.

2 **zur Auffrischung des Feindbilds:** 'just to make sure people hadn't forgotten who the enemy was'.

3 **Nationale Volksarmee:** the East German army.

4 **einen Ost-West-Einakter:** 'a little sketch on an East-West theme'. Einbeck is a small town between Hannover and Göttingen. 'Lions' Club' has clearly been misspelt here.

5 **wenn nicht ... Befehlsgewalt hätte:** The *Bundesgrenzschutz* is under the command of the Federal Minister of the Interior, a post held from 1974 to 1978 by Werner Maihofer of the F.D.P.

122

6 **über BILD hinaus:** 'anywhere in addition to *BILD*'.

7 **Ich deute vage ... können Sie ruhig schreiben:** *Quick* is one of the general-interest weekly magazines that are known in German as *Illustrierte*. It is right-wing in its politics, and hence, like *BILD* ('unser Blatt'), acceptable to Kühne, who regards it as having the backing of the leader of the Bavarian CSU, Franz Josef Strauß. The more left-wing *Illustrierte, Stern*, however, he dismisses as a 'Regierungsblatt' – the government at that time being led by the SPD.

8 **Panorama Reiterverein Hauptversammlung:** 'AGM of the Panorama Riding Club'.

9 **Genscher:** Hans-Dietrich Genscher, the West German Foreign Minister.

10 **mit einem Herrn ... was zu tun:** 'with a gentleman from BP, nothing to do directly with business'.

11 **quer durch den Garten:** 'a cross-section'.

12 **Das ist nicht rotarische Art:** 'That's not done among Rotarians'.

13 **das Oberkommando ... des Landes:** A reference to the role of the *Bundesgrenzschutz* in counter-terrorism.

14 **Weizsäcker:** A reference to the philosopher, Carl Friedrich von Weizsäcker, brother of the later *Bundespräsident* Richard von Weizsäcker.

15 **Otto von Habsburg:** Son of the former Austrian Emperor.

16 **Und Hoheit ... veralbert:** 'And nor does His Highness at all get the feeling that someone is taking the mickey'. The use of the plural form 'fühlen' is a mark of respect when referring to, or addressing, the aristocracy – here obviously used ironically by Wallraff.

17 **und habe den depperten ... Adels-Etiketten-Verwalter:** 'and get the dozy steward on the phone, an ancestral Duke of This and That, a pompous nobody, incredibly self-important, an administrator of noble titles'.

18 **Strauß:** See note 7 above.

19 **Stimmungskanone:** The word usually means something like 'life and soul of the party', but Wallraff here also seems to imply a 'big gun to help with morale'.

20 **BILD braucht ... Genickstarre:** '*BILD* needs reactionary nobs like him for the readers "to look up to". Until they get a stiff neck'.

21 **NPD:** 'Nationaldemokratische Partei Deutschlands': an extreme right-wing political party.

Alles hat seinen Preis (69–77)

1 **das „anzeigenfreundliche redaktionelle Umfeld":** A pompous piece of publicity for *BILD* aimed at potential advertisers: 'das redaktionelle Umfeld' is the parts of the paper adjacent to the actual news items. These are ideal for advertisers to fill, Wallraff implies, because the news coverage itself encourages consumerist attitudes.

2 **eine Art Prämie ... Leistungen:** 'a kind of bonus for services not made use of'.

3 **mit dem Prädikat „nachahmenswert" versehen:** 'pronounced "worth doing again"'.

4 **Dagegen könnte ... wenn er es wollte:** 'It's not something any individual *BILD* columnist could do anything about, even if he wanted to'.

5 **hat ihn zum Begriff gemacht:** 'has made his name a byword'.

6 **reist durch unsere Lande:** 'is journeying through these parts': 'Lande' is an archaic plural of 'Land', used deliberately here for its quaint overtones.

123

7 **vom Image her... herauszukehren:** 'to parade an image totally above suspicion of an unpolitical dopey simpleton': it is hard to believe that Wallraff really thought he could do this, especially in view of the quite sophisticated 'Einstellungsgespräch' with Schwindmann.

8 **Obwohl ihn ... interessiert:** 'Although he doesn't care two hoots about the football club'.

9 **steht in den Sternen:** 'remains to be seen'.

10 **Und gerade ... gebeten werden sollten:** 'And it's the old hands at pulling in the money among them who must have known very well that a vague offer to donate on the phone is good for public relations but isn't legally binding if they should ever be asked to cough up'.

11 **Albrecht-Mäzen ... Kunst:** Ernst Albrecht, a leading local CDU politician, became *Ministerpräsident* of Niedersachsen in 1976. A 'Mäzen' (from 'Maecenas') is a 'patron' − usually of the arts. The verb 'mäzenieren' is a pompous neologism meaning 'to make donations to'.

12 **Wir können ... abgesetzt:** 'We can't go any lower now, the headline's already made up'.

13 **ist bei BILD ... durchgezogen:** 'simply isn't on as far as *BILD* is concerned. The campaign is pushed through'.

14 **Auch Hasselmann ... angehauen:** 'Hasselmann, who figures for *BILD* both as a clown and a guardian, is brought in on the act, "intercedes" on behalf of *BILD*, mucks in. In Schwindmann's words: "Minister Hasselmann has got on to the director of Horten" '. Wilfried Hasselmann: another leading CDU politician in Niedersachsen. Horten: a large department store.

15 **zeichnet ... Konterfei:** 'Albrecht, originally plain "Mr", is already pictured there as "Prime Minister" '.

16 **Der Verein ... runtergewirtschaftet:** 'The club has only itself to blame for the bad management and nepotism that have brought it to the brink of ruin'.

17 **für 'n Appel und Ei:** 'for peanuts': 'Appel' is dialect for 'Apfel'.

18 **Zieht die große Bettelarie werbewirksam durch:** 'pushes the whole begging aria through to great effect publicity-wise'. The term 'Bettelarie' seems to have been coined in the *BILD* office, as is suggested on the previous page.

19 **Schmalstieg:** Herbert Schmalstieg, mayor of Hannover and an SPD member of the Niedersachsen *Landtag*.

Raubfische (78−83)

1 **Zentrale legt noch einen Zahn zu:** 'Head Office raises the pitch a little bit further still'.

2 **ich kann auch nichts dafür ... abgesehen hat:** 'I can't help it either if *BILD* is only interested in these creatures'.

3 **alles nur Denkbare:** 'everything imaginable'.

4 **Einige ihrer Eigenschaften kommen mir sehr bekannt vor:** Wallraff is obviously thinking of *BILD* reporters here, and it now becomes clear that the title of this section does not simply refer to the fish. As he says a page later, he was thinking about buying the piranhas for the editorial office − 'als Wappentiere'.

5 **fällt unter den Tisch:** 'is quietly overlooked'.

6 **verlangt auch keine Gegendarstellung:** Legally, the 'Museumsleiter' would have been perfectly within his rights to demand the publication of a 'Gegendarstellung' putting the record straight, but, Wallraff is suggesting, people are often too overawed by *BILD* to take this step.

7 **in der ''Neuen Hannoverschen Presse'':** The paper that Wallraff's friend Alf Breull – who introduced him to *BILD* – used to work for. As is mentioned in the section 'Berührt – geführt. ,,Im Namen des Volkes'' ' the *NHP* used to belong to the SPD.

8 **Boulevardzeitung:** 'popular paper', 'tabloid'. The term suggests a garish and sensationalist paper originally sold typically on the streets of big cities. Only a handful of papers in West Germany fall into this category, and all are local in their distribution, except, of course, for *BILD*.

9 **meinen Heilpraktiker Trinklech:** See the section 'Alles hat seinen Preis'.

10 **noch um einiges platter:** 'somewhat less luridly'.

11 **neben dem anderen:** The 'oxygen therapy' story Wallraff had originally written about Trinklech (see 'Alles hat seinen Preis').

12 **so achten sie doch penibel darauf:** 'they make damned sure'.

,,Ein armer alter Mann baut die herrlichsten Geigen der Welt'' (84–86)

1 **Nienburg:** town to the north-west of Hannover.

2 **nährt den Traum von einem unantastbar Schönen, Edlen:** 'nurtures the dream of something inviolably beautiful and noble'.

3 **Rilkes infame Zeile … von Innen:** The line 'Denn Armut ist ein großer Glanz aus Innen …' (*sic*), written in 1903 by the Austrian poet Rainer Maria Rilke (1875–1926), appears in the collection *Das Stundenbuch*. Wallraff is not alone in seeing it as a shameful ('infam') attempt to make poverty appear noble and hence acceptable.

4 **Milliardär:** 'multi-millionaire', 'billionaire': German uses the numeral 'eine Milliarde' for 'a thousand million', thereby avoiding the uncertainty attaching to the English word 'billion', which means 'a million million' in traditional British usage but 'a thousand million' in America – and, now increasingly commonly, in Britain too.

5 **Ob der Autor … aufbinden wollen?:** 'Was the author trying to string them along?'

6 **eine Pointe hinzugedichtet:** 'added a punch-line'.

BILD und das Tier (87)

1 **es sei denn … Tiere:** 'unless really ''big game'' is involved': 'große Tiere' is normally translated by something like 'big shots', which obviously loses the pun in Wallraff's original.

2 **Auf der täglichen Börse … gehandelt:** 'On the daily stock-market called ''The Editorial Conference'' the fates that these animals encounter are traded under the heading of ''human touch'' '.

3 **Nichts mit Tränen? Mit viel Schnief-Schnief?:** 'Nothing with tears in? With a lot of boo-hoo?'

Auferstehung eines Sterbenden (88)

1 **Heidi Kabel:** A well-known actress at the Ohnsorg-Theater.
2 **Totengräber ... Grab:** 'Gravedigger falls into Grandpa Vahl's grave'. Headlines tend to be in the present tense in English; in German – as here – they are frequently in the past.
3 **Ohnsorg-Theater:** A popular theatre in Hamburg, well-known throughout the country from television broadcasts.
4 **Eine Mitleids- und Hilfswoge ... freien Lauf:** 'A wave of sympathy and offers of help came rolling in. Numerous *BILD* readers gave free rein to the feelings that *BILD* had created for them'.

Die Mädchen in Bild (89–90)

1 **Als Heike ... Isar:** 'When "Heike from Hamburg" soon afterwards became "Uschi from Munich" ': the Alster is the lake in the centre of Hamburg, and the Isar the river that flows through Munich.
2 **Keiner ... 15 Zeilen!'':** 'No-one who has the "bird" thrown at him by Schwindmann can avoid having to do a "Caption, 15 lines!" '
3 **daß er sie nackt unter die Leute bringt:** 'that he's going to show her off with nothing on'.
4 **daß ich absichtlich ... texte:** 'that I'm deliberately writing something that goes against the *BILD* line'. There is also a pun on the word 'Strich' here, which can in addition mean a prostitute's 'beat'.
5 **er will es wissen:** 'he won't give in'.

,,Höhlenforscher im Harz" (91–95)

1 **Höhlenforscher im Harz:** 'Speleologist in the Harz Mountains': the Harz massif lies on the East German border to the south-east of Hannover.
2 **darf ... genannt werden:** Wallraff is here being deliberately provocative, with the intention of forcing the Axel Springer Verlag into a denial which he would in turn be able to counter with the evidence he had collected.
3 **Baut mal 'nen Türken:** 'Go and pull a fast one'.
4 **Die freien Mitarbeiter:** 'The freelancers'.
5 **noch um eine Drehung:** 'by a further twist'.
6 **legen die Redakteure ... die denkbar ,,knackigste" Überschrift:** 'the editors in the *Bild* headquarters in Hamburg turn the ratchet up one more notch and make up the "juciest" headline imaginable'.
7 **und wehe ihm ... läßt sich nicht halten:** 'woe betide him if the headline he's aiming at when he writes can't be substantiated'.
8 **bringen Sie's ihm bei:** 'show him how it's done'.
9 **hätte bedeutet ... wie ein Seismograph:** 'would have meant the going rate for Esser is falling. Scribblers' stocks are traded in our office with the sensitivity of a seismograph needle'. Wallraff uses the image of the stock-exchange on a number of occasions to capture the mixture of precariousness and competitiveness, and the feeling of being a mere commodity, that characterise the journalists' lives.
10 **auf Teufel komm raus:** 'come hell or high water'.

11 **Ich will ihm gleich reinen Wein einschenken:** 'I want to come clean with him right away'.

12 **Er läßt sich nicht darauf ein:** 'He won't bite'.

13 **was ist das ... quasselt mich hier voll:** 'just who is this character, running on at me here'.

14 **von meinen (und Schwindmanns) Gnaden:** 'by gracious permission of myself and Schwindmann': i.e. it is only because of the *BILD* story that Günther, in the eyes of the world, is now a 'Höhlenforscher'.

15 **Es soll Bundesminister ... reagieren:** The West German politicians' fear of tangling with the *BILD-Zeitung* is an often-cited indication of the paper's power.

16 **Döhren:** A small town to the north of Minden.
   Dachsteingebirge: Austrian mountains, to the south-east of Salzburg.

Die letzte Instanz (96−103)

1 **der Über-Ich-Funktionen:** 'of the functions of the super-ego': one of a number of examples of the psychologising that characterises this 'Analyse der BILD-Zeitung'. The 'super-ego' in Freudian terminology is roughly the equivalent of what might more commonly be called the 'conscience'.

2 **BILD verkörpert ... mit rechten Dingen zugeht:** '*BILD* embodies for its readers a source of authority that ensures that all is as it should be in the world'. The sentence is redolent of a certain German feeling for clearly laid-down order and propriety, and − as in the preceding extract from the 'Analyse' − definitely does not suggest a newspaper that fulfils the classic journalistic function of providing the readers with the means to make up their *own* minds.

3 **Ein Dampfablasser-Ressort, Beschwerde-Briefkasten:** 'A department where people can let off steam, a complaints-box'.

4 **abgebrochener Jurist:** 'a former law-student who never finished his course'.

5 **eines Sexualmord zum Opfer gefallenen Kindes:** 'of the child victim of a sex murder': one would expect the phrase to read 'eines *einem* Sexualmord zum Opfer gefallenen Kindes'.

6 **reist er auch auf die ,,Mitleidstour'':** 'he tries the heartstring-tugging ploy too'.

7 **Ein juristisch ... Hausfriedensbruch:** 'Trespass of a kind that is beyond the reach of the law'. 'Hausfriedensbruch' is an offence in the West German Penal Code; as the word suggests, it implies notions of 'breaching the peace' that go beyond the simple sense of 'trespass'.

8 **hat einen Spruch drauf:** 'likes to perform a piece of patter'.

9 **Schaba-Schaba-Du:** Nonsense refrain accompanying a once-popular Berlin song, here used as part of a mock incantation. In the song the singer, addressing a marriage agency, asks 'Hab'n Se nich 'ne Frau für mich?'.

10 **Kommstu ... willtu ... uf:** Archaic forms of 'kommst du', 'willst du', und 'auf'.

11 **Soll er doch:** 'See if I care'.

12 **hat schon ... intus:** 'has had a drop or two of brandy'.

13 **Hauen Sie sich anständig die Hucke voll:** 'Get yourself really tanked up'.

14 **macht ... geltend:** 'has made a statutory declaration to the effect that'.

127

15 **kommt nie was bei rum:** 'there's never anything doing with them'.
16 **der allgemeine ... angelegt:** 'the way people talk to one another here conspires towards it'.
17 **Du machst die Hüpferin:** 'You do the leaping lady'.
18 **Barzels Tochter:** Rainer Barzel: a leading CDU politician; he stood as the party's 'Kanzlerkandidat' (unsuccessfully) against Willy Brandt in the 1972 federal election.
19 **Kleinkalibergewehr:** 'small-bore rifle'.
20 **Ich habe geglaubt ... zu beruhigen verstand:** Wallraff's comment clearly refers in particular to the excuses used by Germans to explain their behaviour in the Third Reich. 'Befehlsnotstand' means 'acting under orders' − with the implication that one was doing so against one's better judgement, but without any choice in the matter.
21 **und auch das erinnert:** 'and this calls memories to mind too': i.e. again memories of the Nazi years.
22 **Täter:** 'perpetrators (of a crime)': once again Wallraff is raising the question of the culpability of *BILD* staff. At this point he portrays them unambiguously as culprits rather than victims.

Intensiv-Station (104−113)

1 **vor Ort:** 'into the field', 'on a job'.
2 **Da geh ich nicht ran:** 'I'm not touching that'. An interesting remark, given that one of the four cardinal 'Grundsätze' of the Axel Springer Verlag is 'Aussöhnung zwischen Juden und Deutschen'.
3 **Die Abfuhren ... stark fallen:** 'Repeatedly being turned down like this leads to a sharp drop in my going rate with *BILD* ': again, Wallraff is using the imagery of stocks and shares to describe his standing in the *BILD* office.
4 **gerinnt ... BILD-Floskel-Geschichte:** 'keeps congealing into the set form of the abbreviated stereotype *BILD* story'.
5 **Mit einmal ... gesetzt:** 'The direction you've got to go is fed in and then you're sent on your way'.
6 **Prinz:** Günter Prinz, at the time Editor-in-Chief of the *BILD-Zeitung.*
7 **Ich bin im Blatt, also gibt es mich:** 'I'm in the paper, therefore I exist': a play on Descartes' observation 'I think, therefore I am' ('Cogito, ergo sum').
8 **Es kann vorkommen ... abfahre:** 'Sometimes a superficial word of praise from him is enough to buck me up no end'.
9 **Er kombinierte ... auskundschaften:** 'The idea of the *BILD-Zeitung* didn't occur to him either; he assumed I was looking into new technologies that were making typesetters redundant in the Madsack press building'. The Madsack building houses both the *BILD* offices and those of the *Neue Hannoversche Presse.*
10 **der Raucherblitz:** See the section 'Alles hat seinen Preis'.
11 **daß Sie ... hinkommen:** 'that you still keep getting behindhand'.
12 **Anfangs dachte ... schafft mich:** 'At first I still thought I'd see *BILD* off, now I'm more and more afraid *BILD* will see *me* off '.
13 **Ein Magazin:** The magazine in question was the left-wing *das da.*

Ein ,,Untergrund-Kommunist" schlich sich ein (114)

1 **schon bei Gerling und anderen Firmen und Institutionen:** A reference to Wallraff's earlier exploits; in his investigation of the Gerling insurance company he took on employment as a porter in the head office.

den man ... nennen darf: The term 'Untergrundkommunist' had been used of Wallraff and others in the right-wing *CSU-Kurier* on 8 May 1976; their objections to this were quashed by a verdict of a Stuttgart court on 13 January 1977.

er habe ... nun wolle er: The subjunctive is used to imply 'he claimed to' or 'he pretended to'.

Er ließ sich ... ausstellen: 'He got himself issued with a pass under this name'.

Er schlief dort ... Wohngemeinschaft dazu: 'He slept in a commune there − nowadays they call it "flat-sharing" ': a snide observation deliberately echoing the earlier use of the word 'Kommunist', and implying that the word 'Wohngemeinschaft' is a transparent attempt to 'whitewash' the word 'Kommune'. In fact the 'Wohngemeinschaft' is a perfectly normal way for young people − especially students − to cope with the high cost of rented accommodation.

im Dunkeln ... anschlich: Again the language is chosen for its negative effect: the image − especially in the verb 'sich anschleichen', 'to come creeping up' − is very much that of a sinister beast from some dark underworld. When taken together with the twofold use of the verb 'sich einschleichen' in the first paragraph, and the use of this in both the headline and one of the paragraph captions, it means that the root verb 'schleichen' is used no fewer than five times in this short text. The cumulative effect of this repetition of a word that conjures up such notions as 'creeping', 'crawling', 'sneaking', or 'prowling' has been carefully calculated.

erlebt haben will: 'will make out he has experienced': the phrasing (instead of 'erlebt hat') implies that Wallraff's anticipated account of his time with *BILD* will probably bear little relation to the truth.

einen Kübel voll Jauche: 'a bucket of pig-swill': 'die Jauche' is literally 'liquid manure'. In an afterword to *Der Aufmacher* Wallraff's publisher Reinhold Neven Du Mont wrote: 'Aber warum denn so viel Schaum vorm Mund, wenn es gar keine Machenschaften aufzudecken gibt? Womit sollte Wallraff denn seine "Kübel" gefüllt haben, wenn er gar keine "Jauche" vorfinden konnte?'

Sei's drum: 'So be it'.

Arbeitsteil

The *Arbeitsteil* is divided into two sections. The first consists of questions on each of the sections of *Der Aufmacher*. These involve both comprehension of the topics dealt with, and further analysis of the issues raised. Ideally, they will be answered in German, whether orally or in writing.

The second section contains *Materialien* relating to the important issues touched on in *Der Aufmacher*. Three crucial areas have been singled out here: the nature and functions of the press in general and in West Germany in particular; the nature and significance of the Axel Springer Verlag and the *BILD-Zeitung*; and the question of the methods Wallraff has used to collect his information. The *Arbeitsteil* includes not only authentic German texts to illustrate these issues, but also tabular and diagrammatic presentations of them. Each item is followed by further questions to help students examine this material more closely and to relate it to the main text. The intention is to provide students who might be writing about *Der Aufmacher* in German with some linguistic models on themes related to the main text, and secondly to provide some elaboration in German of the wider context suggested by the Introduction.

Arbeitsteil 1: Fragen zum Inhalt

Vorbemerkung (38–41)

‚Ich verabscheue Gewalt und Terror': Warum steht diese Behauptung am Anfang des Buches?

Welche Unterschiede sieht Wallraff zwischen der Reaktion des Staates auf den Terrorismus und seinen Reaktionen auf die *BILD-Zeitung*?

Warum bezeichnet Wallraff die *BILD*-Mitarbeiter als ‚tätige Opfer des BILD-Systems'?

Wie hat Hans Habe Wallraff auf die Idee gebracht, in die Rolle eines *BILD*-Journalisten zu schlüpfen?

Was wollte Wallraff recherchieren, was nicht schon über die *BILD-Zeitung* bekannt war?

Berührt – geführt „Im Namen des Volkes" (42–51)

Warum möchte Wallraff ,aus der Rolle raus, noch bevor sie anfängt'?

Warum muß Wallraff seine Körpersprache verändern?

Warum hat Wallraff am Vortag mit seinem Bekannten ,ein grausames Spielchen' getrieben?

Was für ein Mensch ist Schwindmann? Was verraten seine Reaktionen auf ,Hans Essers' Behauptungen? Was verraten seine Redewendungen?

Welche Bemerkungen ,Hans Essers' verraten fast seine wirkliche Identität? Warum tut er das?

„Bei Sturm schwappt das Wasser aus der Badewanne" (52–54)

Was hat Wallraff vor, indem er einen Artikel über das Leben in Hochhäusern schreiben will?

Warum ist die Geschichte in der ursprünglichen Form für die *BILD-Zeitung* nicht akzeptabel?

Wie unterscheidet sich die Realität, die Wallraff erlebt hat, von der Geschichte, die in der *BILD-Zeitung* erscheint?

,Aus der Wahrheit ist die BILD-Geschichte geworden': Wie wird das gemacht?

Was meint Wallraff, wenn er zwischen ,Widerspruch' und ,Kontrast' unterscheidet?

Kälteeinbruch (55–59)

Was für einen Eindruck vom sprachlichen Stil der *BILD-Zeitung* bekommt man beim Lesen des abgebildeten Artikels?

Warum will Schwindmann nicht zugeben, daß die Geschichte nicht stimmt?

Ist die Geschichte ganz erfunden, oder hat sie etwas mit der Wahrheit zu tun? Geben sie Beispiele an!

Die Leser ,wissen, fühlen, ahnen, daß BILD lügt, und können doch nicht von BILD lassen': Warum?

Warum behauptet Wallraff, daß *BILD* keine richtige ,Zeitung' ist?

Vom „Stadtschwein" und vom „Landschwein" (60–62)

Was meint Wallraff mit dem Ausdruck ,Absolutismus Anno 1976'?

Warum ist das Großraumbüro so bedeutend?

Was ist die Rolle des Redaktionsleiters?

Was für ein Mensch ist Friedhelm Borchers?

Warum interessiert er Wallraff?

„Sein letztes Kommando: Drei Jagdhunde" (63–68)

Warum ist es ‚unmöglich, in der BILD-Zeitung eine Satire zu schreiben'?

Warum bekommt Wallraff Angst wegen der Kühne-Geschichte?

Warum ist Kühne mit der Geschichte zufrieden?

Was hält Wallraff von Otto von Habsburg?

Warum berichtet *BILD* gern über den Adel?

Alles hat seinen Preis (69–77)

Warum wollen manche Leute in die *BILD-Zeitung* kommen und manche andere nicht?

, ,,Psychologe kann mit neuer Methode das Rauchen nicht abgewöhnen" – das wäre keine *BILD*-Geschichte gewesen': Warum nicht?

Warum war die Spenden-Geschichte für Schwindmann so wichtig?

Warum wollten manche ‚kleine Leute' Spenden geben?

Was für eine Rolle spielen lokale Politiker in der Spenden-Geschichte?

Raubfische (78–83)

Warum hat Wallraff den Titel ‚Raubfische' für dieses Kapitel gewählt?

Warum interessiert sich *BILD* nur für die Piranhas?

Wie verhält sich die *BILD*-Geschichte zur Wirklichkeit?

Warum protestiert der Vorsitzende des Aquarienvereins nicht?

Wer sind in diesem Kapitel die ‚Opfer' der *BILD-Zeitung*?

„Ein armer alter Mann baut die herrlichsten Geigen der Welt" (84–86)

Warum trägt die *BILD*-Geschichte diese Überschrift?

Warum ist ‚das Edle' ein so beliebtes Thema?

Warum ist es so wichtig, das Schöne und Edle ‚nicht ganz so unerreichbar erscheinen zu lassen'?

Warum wird das Edle manchmal mit dem Erbarmungswürdigen gepaart?

Warum wird der Schluß, den Wallraff verfaßt hat, von Schwindmann gestrichen?

BILD und das Tier (87)

Warum stehen so viele Tiergeschichten in der *BILD-Zeitung*?

Warum beschreibt Wallraff die tägliche Redaktionskonferenz als eine ‚Börse‘?

Was hält Wallraff von der Rolle, die Tiergeschichten bei *BILD* spielen?

Auferstehung eines Sterbenden (88)

Was für einen Eindruck von der Behandlung dieser Geschichte durch die *BILD*-Zeitung bekommt man von den hier aufgeführten Schlagzeilen?

Warum spricht Wallraff von ‚BILD-produzierten Gefühlen‘?

Was besagt die Fotomontage, die Wallraff am Ende erwähnt, über die wirkliche Einstellung der *BILD*-Redakteure?

Die Mädchen in BILD (89–90)

Was meint Wallraff, wenn er sagt, daß ‚ ,,Heike von der Alster‘‘ kurz darauf ,,Uschi von der Isar‘‘ war‘?

Warum wird der letzte Satz seines Textes gestrichen?

Warum bezeichnet er diese Arbeit als ‚entwürdigend‘?

,,Höhlenforscher im Harz‘‘ (91–95)

‚Wehe den Tatsachen, die sich der Schlagzeile nicht anpassen wollen‘: Was meint Wallraff mit diesem Satz?

Warum ist für Wallraff ‚der Facharbeiter Peter K. aus Frankfurt‘ ein typischer Protagonist einer *BILD*-Geschichte?

Warum will sich der Geologe auf Essers Vorschläge nicht einlassen?

Warum klagt der Geologe nicht, als die Geschichte erschienen ist?

Warum ist aus dem Interview, das Wallraff geführt hat, die *BILD*-Geschichte ‚Der Hannoveraner, der schon 100 Höhlen erforschte‘ geworden?

Die letzte Instanz (96–103)

Warum wenden sich Hilfesuchende an *BILD*?

Was meint Wallraff, wenn er behauptet, daß Hilfesuchende und Redakteure ‚oft die Rollen vertauschen‘?

Welche Methoden werden von den Reportern benutzt, um persönliche Auskünfte zu bekommen?

Haben alle Reporter, die in diesem Kapitel erwähnt werden, die gleiche Einstellung zu ihrem Beruf?

Ist es gerecht, Parallelen zwischen der *BILD-Zeitung* und der Nazi-Ära anzudeuten, wie es Wallraff hier tut?

Intensiv-Station (104–113)

Wie hat sich Wallraffs Verhalten seinen Mitmenschen und der Stadt Hannover gegenüber geändert?

Warum lehnt Schwindmann die drei Themen ab?

Warum beschreibt Wallraff die *BILD*-Redaktion als die ‚Intensivstation der Massenträume'?

‚Das Klima in der Redaktion ist bestimmt von Einschüchterung und Angst': Was für Beweise gibt es für diese Behauptung?

Hat sich Schwindmanns Einstellung gegenüber ‚Esser' im Laufe der Zeit geändert?

Ein ,,Untergrund-Kommunist" schlich sich ein (114)

Wie reagiert die *BILD-Zeitung* auf die Entdeckung, daß Wallraff dort gearbeitet hat?

Was für eine Sprache benutzt dieser Text?

Was für ein Bild von Wallraff bekommt man beim Lesen dieses Textes?

Arbeitsteil 2: Materialien

Wozu ist die Presse da?

[1] In der Demokratie werden den Massenmedien Presse, Hörfunk und Fernsehen drei einander zum Teil stark überschneidende Funktionen zugeordnet:
- Information,
- Mitwirkung an der Meinungsbildung,
- Kontrolle und Kritik.

Zu den weiteren Aufgaben zählen aber auch Unterhaltung und Bildung.

1. Die Informationsfunktion

Die Massenmedien sollen so vollständig, sachlich und verständlich wie möglich informieren, damit die Staatsbürger in der Lage sind, das öffentliche Geschehen zu verfolgen. Mit ihren Informationen sollen die

Presse, der Hörfunk und das Fernsehen dafür sorgen, daß der einzelne die wirtschaftlichen, sozialen und politischen Zusammenhänge begreift, die demokratische Verfassungsordnung versteht, seine Interessenlage erkennt und über die Absichten und Handlungen aller am politischen Prozeß Beteiligten so unterrichtet ist, daß er selbst aktiv daran teilnehmen kann – als Wähler, als Mitglied einer Partei oder auch einer Bürgerinitiative. Da unsere Gesellschaft viel zu großräumig geworden ist, kommen wir mit dem direkten Gespräch, der unmittelbaren Kommunikation, nicht mehr aus. Wir als einzelne und die vielfältigen Gruppen, die in dieser Gesellschaft bestehen, sind darauf angewiesen, miteinander ins Gespräch gebracht zu werden – dafür sollen die Massenmedien sorgen. Dabei müssen wir uns der Tatsache bewußt sein, daß wir die Welt zum großen Teil nicht mehr unmittelbar erfahren; es handelt sich überwiegend um eine durch Medien vermittelte Welt.

2. Die Meinungsbildungsfunktion

Bei der Meinungsbildung fällt den Massenmedien ebenfalls eine bedeutsame Rolle zu. Dies ergibt sich aus der Überzeugung, in der Demokratie sei allen am meisten damit gedient, wenn Fragen von öffentlichem Interesse in freier und offener Diskussion erörtert werden. Es besteht dann die Hoffnung, daß im Kampf der Meinungen das Vernünftige die Chance hat, sich durchzusetzen. Auch hier ist natürlich wieder zu bedenken: Die Meinungen, die sich der einzelne Bürger bildet und beispielsweise in politischen Gesprächen formuliert, kommen nicht in erster Linie auf Grund von Wirklichkeitserfahrung, sondern auf Grund von Wirklichkeitsvermittlung durch die Medien zustande. ...

3. Kritik- und Kontrollfunktion

Im parlamentarischen Regierungssystem obliegt in erster Linie der Opposition die Aufgabe der Kritik und Kontrolle. Diese wird unterstützt und ergänzt durch die Kritik- und Kontrollfunktion der Medien. Ohne Presse, Hörfunk und Fernsehen, die Mißstände aufspüren und durch ihre Berichte unter anderem parlamentarischen Anfragen und Untersuchungsausschüsse anregen, liefe die Demokratie Gefahr, der Korruption oder der bürokratischen Willkür zu erliegen. ... Andererseits wird argumentiert, die Kontrolle der Medien dürfe sich nicht auf den Staat beschränken, sondern müsse sich auf die gesamte Gesellschaft erstrecken. ...

Wie die Wirkungsforschung hervorhebt, haben viele Medien über die erwähnten Funktionen hinaus weitere übernommen, zum Beispiel die Thematisierungsfunktion. Diese, wie sie in den USA heißt, ,,agendasetting-function'' bedeutet, daß die Leser, Hörer und Zuschauer genau die Themen für wichtig halten, die in den Medien behandelt werden. Die Medien sind jedoch nicht nur entscheidend dafür verantwortlich, welche Themen auf der Tagesordnung stehen, sondern sie legen auch fest, in welcher Rangfolge der Dringlichkeit diese Themen behandelt werden.

(Quelle: Meyn 2, 1–2)

(*a*) Wie berechtigt ist Ihrer Meinung nach die Behauptung, ,daß wir die Welt zum großen Teil nicht mehr unmittelbar erfahren; es handelt sich überwiegend um eine durch Medien vermittelte Welt'?

(*b*) Inwiefern erfüllt die *BILD-Zeitung* – soweit sie im *Aufmacher* dargestellt wird – die drei Hauptfunktionen der demokratischen Presse? Geben Sie Beispiele an!

Pressefreiheit und Recht

[2] *Das Grundgesetz, Artikel 5 (Auszug)*

(1) Jeder hat das Recht, seine Meinung in Wort, Schrift und Bild frei zu äußern und zu verbreiten und sich aus allgemein zugänglichen Quellen ungehindert zu unterrichten. Die Pressefreiheit und die Freiheit der Berichterstattung durch Rundfunk und Film werden gewährleistet. Eine Zensur findet nicht statt.

(2) Diese Rechte finden ihre Schranken in den Vorschriften der allgemeinen Gesetze, den gesetzlichen Bestimmungen zum Schutze der Jugend und in dem Recht der persönlichen Ehre.

(Quelle: *Presserecht*, 141)

(*a*) Wer könnte sich eher auf diesen Artikel berufen: Wallraff oder die *BILD-Zeitung*?

(*b*) Warum werden dem Recht der Meinungsfreiheit im zweiten Absatz des Artikels Schranken gesetzt?

[3] *Das Niedersächsische Pressegesetz (Auszüge)*

1. Freiheit der Presse
   Die Presse ist frei. Sie ist berufen, der freiheitlichen demokratischen Grundordnung zu dienen. ...

3. Öffentliche Aufgabe der Presse
   Die Presse erfüllt eine öffentliche Aufgabe, wenn sie in Angelegenheiten von öffentlichem Interesse Nachrichten beschafft und verbreitet, Stellung nimmt, Kritik übt oder auf andere Weise an der Meinungsbildung mitwirkt.

6. Sorgfaltspflicht der Presse

Die Presse hat alle Nachrichten vor ihrer Verbreitung mit der nach den Umständen gebotenen Sorgfalt auf Inhalt, Herkunft und Wahrheit zu prüfen. Sie ist verpflichtet, Druckwerke von strafbarem Inhalt freizuhalten.

11. Gegendarstellungsanspruch

Der verantwortliche Redakteur und der Verleger eines periodischen Druckwerks sind verpflichtet, eine Gegendarstellung der Person oder Stelle zum Abdruck zu bringen, die durch eine in dem Druckwerk aufgestellte Tatsachenbehauptung betroffen ist. ... Die Gegendarstellung muß sich auf tatsächliche Angaben beschränken und darf keinen strafbaren Inhalt haben.

(Quelle: *Presserecht*, 83–6)

(Jedes Land der Bundesrepublik hat sein eigenes Pressegesetz – wobei diese Gesetze allerdings einander sehr ähnlich sind. *BILD*-Hannover, wo Wallraff gearbeitet hat, untersteht diesem niedersächsischen Pressegesetz.)

(*a*) Was sind – diesem Gesetz zufolge – die Aufgaben der Presse?

(*b*) Welche Aspekte dieses Textes sind für den *Aufmacher* besonders relevant?

[4] *Strafgesetzbuch, Paragraph 187*

Verleumdung

Wer wider besseres Wissen in Beziehung auf einen anderen eine unwahre Tatsache behauptet oder verbreitet, welche denselben verächtlich zu machen oder in der öffentlichen Meinung herabzuwürdigen oder dessen Kredit zu gefährden geeignet ist, wird mit Freiheitsstrafe bis zu zwei Jahren oder mit Geldstrafe und, wenn die Tat öffentlich, in einer Versammlung oder durch Verbreiten von Schriften ... begangen ist, mit Freiheitsstrafe bis zu fünf Jahren oder mit Geldstrafe bestraft.

(Quelle: *Presserecht*, 155)

(*a*) Wie unterscheidet sich ‚Verleumdung' von ‚Enthüllung' oder ‚Kritik'?

(*b*) Gibt es im *Aufmacher* Beispiele der Verleumdung?

Selbstkontrolle der Presse

[5] *Die publizistischen Grundsätze des Deutschen Presserats (‚Pressekodex') (Auszüge)*

1. Achtung vor der Wahrheit und wahrhaftige Unterrichtung der Öffentlichkeit sind oberstes Gebot der Presse.

2. Zur Veröffentlichung bestimmte Nachrichten und Informationen in Wort und Bild sind mit der nach den Umständen gebotenen Sorgfalt auf ihren Wahrheitsgehalt zu prüfen. Ihr Sinn darf durch Bearbeitung, Überschrift oder Bildbeschriftung weder entstellt noch verfälscht werden. ...

4. Bei der Beschaffung von Nachrichten, Informationsmaterial und Bildern dürfen keine unlauteren Methoden angewandt werden.

8. Die Presse achtet das Privatleben und die Intimsphäre des Menschen. Berührt jedoch das private Verhalten eines Menschen öffentliche Interessen, so kann es auch in der Presse erörtert werden. ...

(Quelle: Maaßen, 37−8)

(Deutscher Presserat: 1956 nach dem Muster des britischen ‚Press Council‘ von Verlegern und Journalisten als freiwilliges ‚moralisches Gewissen‘ der bundesdeutschen Presse gegründet. Zu den Aufgaben des Presserats gehört unter anderem die Prüfung von Beschwerden über einzelne Zeitungen und Zeitschriften. Gegen die *BILD-Zeitung* hat der Presserat besonders viele Rügen ausgesprochen: eine − allerdings unvollständige − Liste befindet sich in Wallraffs *BILD-Handbuch*, 210−12. Weiteres zum Presserat in Meyn 1, 34−6.)

(*a*) Inwiefern sind diese Grundsätze für die im *Aufmacher* dargestellten journalistischen Praktiken relevant?

(*b*) Kann der Grundsatz 8 auch als Rechtfertigung von Wallraffs Methoden betrachtet werden?

Die Bundesdeutsche Presse

[6] *Der Zeitungsmarkt (1988)*

(Quelle: *Die Zeit*, Nr. 46, 11. November 1988)

(*a*) Wie groß ist der Anteil der Springer-Zeitungen an den hier aufgeführten Auflagenzahlen?

(*b*) Nach welchen Kriterien könnte man die ‚Bedeutung‘ und ‚Wichtigkeit‘ einer Zeitung bemessen?

Wochenzeitungen / Überregionale Tageszeitungen

Verkaufte Auflage im 3. Quartal 1988 in 1000 (pro Ausgabe)

Wochenzeitungen

Zeitung	Auflage
Bild am Sonntag	2 432
Bild der Frau	2 013
Auto Bild	795
Sport Bild	513
DIE ZEIT	469
WELT SONNTAG	357
BAYERNKURIER	157
Deutsches Allgemeines SONNTAGSBLATT	115
Christ und Welt Rheinischer Merkur	106

Überregionale Tageszeitungen

Zeitung	Auflage
Bild	4 462
Süddeutsche Zeitung	372
Frankfurter Allgemeine	354
DIE WELT	221
Frankfurter Rundschau	192
Handelsblatt	117

Quelle: IVW

DIE ZEIT/GLOBUS

139

Der Axel Springer Verlag

[7] *Die vier Grundsätze des Axel Springer Verlags*

1. Das unbedingte Eintreten für die friedliche Wiederherstellung der deutschen Einheit in Freiheit.

2. Das Herbeiführen einer Aussöhnung zwischen Juden und Deutschen; hierzu gehört auch die Unterstützung der Lebensrechte des israelischen Volkes.

3. Die Ablehnung jeglicher Art von politischem Totalitarismus.

4. Die Verteidigung der sozialen Marktwirtschaft.

(Quelle: Thomas, 132)

(Die vier Grundsätze stammen von Axel Springer selbst; es wird von allen Springer-Zeitungen und -Zeitschriften erwartet, daß sie sich an diese Richtlinien halten.)

(*a*) Was für Grundsätze würden Sie aufstellen, wenn Sie Zeitungsbesitzer wären?

(*b*) Spielen diese Grundsätze bei der *BILD-Zeitung*, soweit sie im *Aufmacher* dargestellt wird, überhaupt eine Rolle?

[8] *Der Verlag nach Springers Tod (1985)*

(Quelle: *Der Spiegel*, Nr. 40, 30. September 1985, 152)

(*a*) In der Bundesrepublik und Westberlin leben etwa 62 Millionen Menschen: Welcher Prozentsatz dieser Bevölkerung kauft täglich – laut diesem Schaubild – eine Springer-Zeitung? Ist dieser Prozentsatz wirklich so hoch, daß man von einer ‚gefährlichen Dominanz' der Springer-Presse reden darf?

(*b*) Vergleichen Sie dieses Schaubild mit dem Schaubild des Zeitungsmarktes [6]: zu welchen Ergebnissen führt der Vergleich?

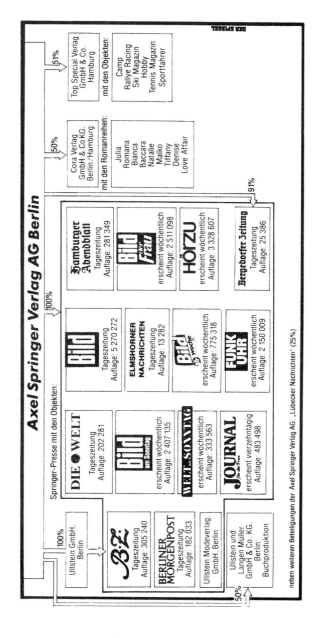

Axel Springer Verlag AG Berlin

Springer-Presse mit den Objekten:

Ullstein GmbH. Berlin — 100%

B.Z.
Tageszeitung
Auflage: 305 240

BERLINER MORGENPOST
Tageszeitung
Auflage: 182 033

Ullstein Modeverlag.
GmbH. Berlin

Ullstein und
Langen Müller
GmbH & Co. KG.
Berlin:
Buchproduktion — 50%

DIE ● WELT
Tageszeitung
Auflage: 202 281

Bild am Sonntag
erscheint wöchentlich
Auflage: 2 407 135

WELT am SONNTAG
erscheint wöchentlich
Auflage: 333 563

JOURNAL für die Frau
erscheint vierzehntägig
Auflage: 483 498

— 100% —

Bild
Tageszeitung
Auflage: 5 270 272

ELMSHORNER NACHRICHTEN
Tageszeitung
Auflage: 13 282

Bild der Woche
erscheint wöchentlich
Auflage: 775 318

FUNK UHR
erscheint wöchentlich
Auflage: 2 150 009

Hamburger Abendblatt
Tageszeitung
Auflage: 281 349

Bild der Frau
erscheint wöchentlich
Auflage: 2 511 098

HÖRZU
erscheint wöchentlich
Auflage: 3 328 607

Bergedorfer Zeitung
Tageszeitung
Auflage: 25 386 — 91%

Cora Verlag GmbH & Co KG.
Berlin./Hamburg — 50%

mit den Romanreihen:

Julia
Romana
Bianca
Baccara
Natalie
Maiko
Tiffany
Denise
Love Affair

Top Special Verlag GmbH & Co.
Hamburg — 51%

mit den Objekten:

Camp
Rallye Racing
Ski Magazin
Hobby
Tennis Magazin
Sportfahrer

neben weiteren Beteiligungen der Axel Springer Verlag AG: „Lübecker Nachrichten" (25%)

141

,Meinungsmanipulation': Die 1968er Kampagne der Studenten
gegen die Springer-Presse

Der Mordanschlag auf Rudi Dutschke ist ebensowenig bloß die Tat eines
einzelnen wie die Erschießung Benno Ohnesorgs. Beide sind Opfer einer
systematischen Hetzkampagne des Springer-Konzerns im Verein mit der
Staatsgewalt. ...
    Die demokratische Öffentlichkeit ist zerstört. Pressefreiheit wie
Informations- und Meinungsfreiheit ist heute das Exklusivrecht weniger
privater Großverleger, ihre Meinung zu verkaufen. Die Organisation der
Presse als privates Profitunternehmen und ihre überwiegende Finanzierung
durch die Industrie- und Verbrauchswerbung stellen die Kommunikations-
mittel in den Dienst der Manipulation. Die Unterwerfung der Journalisten
unter die publizistischen Direktiven der Verleger ... bei unzureichender
arbeitsrechtlicher Sicherung mindert ihre Kritikfähigkeit und führt zu einer
ständigen Selbstzensur. Das Publikum wird mit grober wie auch mit
unmerklicher Manipulation unmündig gehalten und ... an Vorurteile und
Klischees gebunden. ... Der Springer-Konzern ist nicht allein das Symbol,
sondern ebenso der Motor der Zerstörung von Öffentlichkeit. ... Wir
erklären, daß es keine Ruhe geben wird, bis geeignete Maßnahmen zur
Enteignung des Springer-Konzerns eingeleitet sind. Sie ist Vorbedingung
einer demokratischen Öffentlichkeit. Diese demokratische Öffentlichkeit
wäre nach folgenden Grundsätzen zu erkämpfen:

1. Befreiung der Presse vom Meinungsmonopol und vom Profitinteresse
   durch ihre Entflechtung und Überführung in öffentliches Eigentum
   und demokratische Kontrolle.

2. Abschaffung der Konsumpropaganda und ihr Ersatz durch sachge-
   rechte Verbraucherinformation.

3. Unabhängigkeit der Presse, des Rundfunks und Fernsehens von der
   öffentlichen Gewalt und die Garantie ihrer Kritikfähigkeit gegenüber
   deren Instanzen.

4. Sicherung der Journalisten gegen wirtschaftliche und politische
   Pressionen. Demokratische Selbstbestimmung der Redaktionen.

5. Materielle und juristische Verankerung des Rechts für jede politisch,
   sozial oder kulturell relevante und demokratische Gruppe, in der ihr
   angemessenen Weise, unabhängig von wirtschaftlicher Beschränkung,
   ihre Forderungen zu artikulieren und ihre Auffassungen zu publizieren.

(Quelle: Carsten Seibold, *Die 68er. Das Fest der Rebellion*, München 1988,
259−61)

(Die ,Grundsatzerklärung zur Kampagne für die Enteignung des Springer-
Konzerns', die hier in Auszügen zitiert wird, wurde am 14. März 1968 −

drei Tage nach dem Anschlag auf den Studentenführer Rudi Dutschke –
vom Sozialistischen Deutschen Studentenbund abgegeben.)

(*a*) Wie kommt – laut diesem Text – ‚Meinungsmanipulation' zustande?

(*b*) Wäre der Pressefreiheit durch die hier vorgeschlagenen Maßnahmen wirklich
gedient?

[10] *Wer liest die BILD-Zeitung? (1976)*

Leseranalyse der »Bild«-Zeitung

(1) Gesamtbevölkerung (2) Leser einer durchschnittlichen Ausgabe (3) weitester Leserkreis		Reichweite				Zusammensetzung		
	(1) Mill.		(2) Mill.		(3) Mill.	(1) ⁰/₀	(2) ⁰/₀	(3) ⁰/₀
		⁰/₀		⁰/₀				
Bevölkerung ab 14 Jahre	44,38	23,5	10,45	47,8	21,20	100	100	100
Männer	20,26	27,7	5,61	54,5	11,04	46	54	52
Frauen	24,12	20,0	4,83	42,1	10,16	54	46	48
Haushaltführende	21,68	20,6	4,47	42,0	9,11	49	43	43
Haushaltvorstände	21,61	24,9	5,39	49,1	10,60	49	52	50
14–19 Jahre	4,50	22,5	1,01	51,6	2,32	10	10	11
20–29 Jahre	5,90	24,6	1,45	50,8	3,00	13	14	14
30–39 Jahre	8,42	26,3	2,21	51,3	4,32	19	21	20
40–49 Jahre	8,61	26,3	2,27	51,4	4,43	19	22	21
50–59 Jahre	6,29	24,8	1,56	48,2	3,03	14	15	14
60–69 Jahre	6,23	20,4	1,27	42,5	2,65	14	12	12
70 Jahre und älter	4,43	15,3	0,68	32,7	1,45	10	6	7
in Ausbildung	2,55	18,4	0,47	45,1	1,15	6	4	5
berufstätig	22,00	27,9	6,13	54,1	11,91	50	59	56
nicht berufstätig	19,83	19,4	3,85	41,0	8,13	45	37	38
Inh., Leiter v. Unternehmen, freie Berufe	0,76	15,0	0,11	34,1	0,26	2	1	1
kleine und mittlere Selbständige	3,10	20,4	0,63	45,8	1,42	7	6	7
leitende Angestellte und Beamte	1,81	14,2	0,26	36,0	0,65	4	2	3
sonstige Angestellte und Beamte	13,20	22,6	2,98	47,6	6,29	30	29	30
Facharbeiter	6,15	33,5	2,06	60,2	3,70	14	20	17
sonstige Arbeiter	6,81	31,2	2,13	59,3	4,04	15	20	19
Landwirte	1,44	13,8	0,20	36,3	0,52	3	2	2
Volksschule ohne Lehre	16,76	24,0	4,02	47,6	7,98	38	38	38
Volksschule mit Lehre	13,93	29,8	4,15	56,0	7,79	31	40	37
weiterführende Schule ohne Abitur	9,64	19,1	1,84	43,6	4,20	22	18	20
Abitur, Hochschule, Universität	4,05	10,8	0,44	30,1	1,22	9	4	6
Haushaltseinkommen								
bis unter 750 DM	2,63	13,8	0,36	32,2	0,85	6	3	4
750 bis unter 1 000 DM	2,90	19,5	0,56	40,9	1,19	7	5	6
1 000 bis unter 1 500 DM	9,34	24,7	2,30	49,3	4,61	21	22	22
1 500 bis unter 2 000 DM	10,66	26,1	2,79	50,6	5,39	24	27	25
2 000 bis unter 2 500 DM	8,91	25,9	2,06	51,2	4,56	20	22	22
2 500 bis unter 3 000 DM	4,94	22,4	1,11	48,6	2,40	11	11	11
3 000 und mehr	5,00	20,4	1,02	43,9	2,20	11	10	10
Wohnort unter 5 000 Ew.	12,17	23,8	2,90	49,5	6,03	27	28	28
5 000 bis unter 20 000 Ew.	6,32	25,9	1,63	49,4	3,12	14	16	15
20 000 bis unter 50 000 Ew.	3,33	25,1	0,83	50,3	1,67	8	8	8
50 000 bis unter 100 000 Ew.	1,60	20,5	0,33	42,2	0,67	4	3	3
100 000 bis unter 500 000 Ew.	5,49	25,2	1,38	50,4	2,76	12	13	13
500 000 und mehr Einwohner	15,48	21,8	3,37	44,8	6,94	35	32	33

(Quelle: Hestermann, 66–67)

(*a*) Inwiefern kann die Tabelle als Beweis für die Behauptung dienen, daß *BILD* ‚eine Zeitung für alle' sei?

(*b*) Welche Gruppen in der Gesamtbevölkerung lesen *BILD* am wenigsten?

Wallraffs Methoden

[11] *Wallraff über seine Methoden*

... ein paar Gedanken über meine Arbeitsmethode, die meine Gegner auch gern als „Einschleichen" bezeichnen. Diese Methode hat sich lange entwickelt. Ich war gezwungen, aus der anfänglichen Not diese sogenannte Untugend zu machen. Am Anfang meiner Arbeit konnte ich mich noch unter meinem richtigen Namen einstellen. ... Es wäre mir heute noch lieber, weiter unter meiner normalen Identität solche Rollen zu übernehmen, mir das Recht herauszunehmen, was für andere bedrückende alltägliche Pflicht ist. Aber seitdem mir dieses Recht genommen worden ist, bis hin zu Steckbriefen in Personalbüros von Großunternehmen, über den „Unternehmer-Warndienst" verbreitet, ist mir nur die Möglichkeit der Tarnung oder, um im Jargon meiner Gegner zu bleiben, das sogenannte „Einschleichen" geblieben. ...

Diese Methode, die bei den Soziologen – da übrigens rechtlich viel weniger umstritten, die Wissenschaft hat in diesem Land immer noch einen hohen Rang – „teilnehmende Beobachtung" genannt wird, ich würde sie in meinem Fall lieber „agierende Teilnahme" nennen, hat übrigens ihre Tradition: Diderot wandte sie schon vor mehr als 200 Jahren an, Egon Erwin Kisch beruft sich ebenfalls darauf. ...

Es ist typisch, daß der Begriff des Einschleichens heute von denen negativ und in denunziatorischer Absicht gebraucht wird, die ihre eigenen, mit Unrecht erworbenen Privilegien außerhalb jeglicher Diskussion und Kontrolle stellen wollen, oder von deren Statthaltern, Hofschreibern, die ihre Geschäfte besorgen. Solche Vorwürfe gegen meine Arbeitsmethode kommen aber nie von Vertretern der unterdrückten und ausgebeuteten Schichten. Ich habe noch nie von einem Arbeiter gehört: „Das ist aber unfair, was du tust, das tut man doch nicht!" Weil man ihm gegenüber eigentlich immer vom Machtstandpunkt aus unfair handelt und er sich in einer permanenten Notwehrsituation befindet.

(Quelle: ‚Dankesrede zur Verleihung der Carl-von-Ossietzky-Medaille am 10. 12. 1984', *Vom Ende der Eiszeit*, 163–66)

(*a*) Wie unterscheiden sich die Begriffe ‚Einschleichen', ‚teilnehmende Beobachtung', und ‚agierende Teilnahme'?

(*b*) Inwiefern ist es Wallraff gelungen, seine Methode in diesem Text zu rechtfertigen?

144

Umstritten worden ist in der Bundesrepublik vor allem Wallraffs Methode, sein Eindringen in bestimmte Situationen unter einem Vorwand oder einem Pseudonym. Betrachtet man seine Berichte genau, so wird in ihnen allen Herrschaft entlarvt, jene Herrschaft, die gewisse Methoden des Recherchierens für gentlemanlike erklärt und andere, Wallraffs Methode, nicht. Nicht nur die Sensationspresse, auch die seriöse, sogar jene Publikationsmittel, die als ,,scharf'' gelten, halten sich an gewisse Spielregeln. Wallraff nicht. Er *besichtigt* nicht, er neutralisiert nicht, indem er ,,auch die Gegenseite zu Wort kommen läßt''. Er unterwirft sich einer Situation und schildert sie vom Standort des Unterworfenen aus. Er ist immer Subjekt ...

Ich habe nur einen Einwand gegen Wallraffs Methode: er wird sie nicht lange anwenden können, weil er zu bekannt wird. Und so weiß ich nur einen Ausweg: schafft fünf, sechs, schafft ein Dutzend Wallraffs.

(Quelle: ,Günter Wallraffs unerwünschte Reportagen', *In Sachen Wallraff*, 73)

(*a*) In welcher Hinsicht unterscheidet sich – laut Böll – Wallraffs Methode von der des üblichen Journalismus?

(*b*) Böll schrieb diesen Text im Jahre 1970: hat sich sein ,Einwand' in der Folgezeit als gültig erwiesen?

[13] *Die Unternehmer kritisieren Wallraffs Methoden*

Auf schärfste Ablehnung müssen die von Wallraff verwendeten Methoden der Informationsbeschaffung stoßen. Wallraff bedient sich unter anderem fingierter Amtsbezeichnungen, des Anstellungsbetruges und Vertrauensbruchs und rechtfertigt sich damit, daß er sich in Notwehr befinde. Er nimmt für sich in Anspruch, die Gesetze zu überschreiten, wenn er dies für notwendig halte. Wo die allgemeine Rechtssicherheit bliebe, wenn dieses Recht jeder für sich in Anspruch nähme, liegt auf der Hand. Wallraffs Standpunkt führt in der Konsequenz dazu, daß der Zweck jedes Mittel heiligt und damit jedes Verantwortungsgefühl verlorengeht.

(Quelle: ,Dichtung als Waffe im Klassenkampf, am Beispiel Günter Wallraff. Eine Dokumentation des Instituts der deutschen Wirtschaft', *In Sachen Wallraff*, 112)

(*a*) Ist diese Kritik an Wallraffs Methoden gerecht?

(*b*) Vergleichen Sie die Argumentation dieses Textes mit der von den Texten 11 und 12!

Aus dem ,Aufmacher'-Urteil des Bundesgerichtshofs

Stärker als durch jede andere unternehmerische Betätigung ist die Öffentlichkeit in den Wirkungsbereich redaktioneller Entscheidungen einbezogen. ... Für die Öffentlichkeit ist es wichtig, dieses Kräftespiel bewußt zu halten; dazu gehört die Auseinandersetzung mit der Einstellung der Zeitung zur Nachricht und zu ihrer Leserschaft, die diesen Einfluß prägen. Schon wegen dieser Teilhabe der Öffentlichkeit an der redaktionellen Arbeit kann auch diese selbst der öffentlichen Erörterung und Kritik nicht schlechthin entzogen sein.

... Die Veröffentlichung deckt Tendenzen und Verfahrensweisen eines Journalismus auf, mit denen auch für Maßstäbe, die für eine Boulevardzeitung gelten, die Aufgaben zur wahrheitsmäßigen Unterrichtung der Leser kaum in Einklang zu bringen sind. ... Durch derartige Mißstände, deren Aufklärung und Bewertung im Austausch der Meinungen zu den Aufgaben gehört, um deretwillen das Grundgesetz die Meinungsfreiheit garantiert, wird die Rechtsordnung wenigstens im Ergebnis stärker belastet als durch den Umstand, daß mit der Offenlegung solcher Sachverhalte die illegale Beschaffung dieser Information manifest wird.

(Quelle: *In Sachen Wallraff*, 214–15)

(*a*) In welcher Hinsicht ist – diesem Urteil zufolge – die Arbeit einer Zeitung nicht mit anderen ,unternehmerischen Betätigungen' genau vergleichbar?

(*b*) Kann dieser Ausschnitt des Urteils als Rechtfertigung von Wallraffs Methoden betrachtet werden?

[15] *Zum ,Aufmacher'-Urteil des Bundesverfassungsgerichts*

Christian Lindner im Gespräch mit Günter Wallraff: Wenn ich das Urteil richtig lese, dann ist doch dies der Schlüsselsatz, der auch für Ihre Weiterarbeit maßgeblich ist: daß Sie Ihre Methode der Wahrheitsfindung weiter anwenden dürfen, wenn – ich zitiere – ,,etwas darauf hindeutet, daß es sich um Mißstände von erheblichem Gewicht handelt, an deren Aufdeckung ein überragendes öffentliches Interesse besteht." Allgemein sei die Methode nicht zulässig, eine Ausnahme gelte eben nur, wenn ,,die Bedeutung der Information für die Unterrichtung der Öffentlichkeit und für die öffentliche Meinungsbildung eindeutig die Nachteile überwiegt, welche der Rechtsverstoß für den Betroffenen und die tatsächliche Geltung der Rechtsordnung nach sich ziehen muß."

(Quelle: *In Sachen Wallraff*, 222–3)

(*a*) Unter welchen Bedingungen darf Wallraff seine Methoden weiterhin anwenden?

(*b*) Warum kann das Bundesverfassungsgericht Wallraffs Methoden nicht ohne weiteres völlig billigen?

Select bibliography

A Works by Wallraff

(Wallraff's writings have been published in various editions. The situation with the essays and speeches, as well as the early 'Reportagen', is particularly confusing, as a number of them appear in more than one collection. Matters are further complicated by the fact that, although the bulk of Wallraff's work has appeared with the Cologne publishing house of Kiepenheuer & Witsch, some of his writings were originally brought out by other publishers. The following list restricts itself to the major works and collections. These are, for the most part, now most conveniently available as paperbacks in the Kiepenheuer & Witsch 'KiWi' series, and, where appropriate, this is indicated with the 'KiWi' number and the date of the edition current at the time of writing (1989), though the texts themselves are listed in the order of their first appearance. These are the editions to which references and quotations in the present volume relate. For much more detailed bibliographies – of both primary and secondary literature – see Hahn/Töteberg and the periodically updated entry on Wallraff in Romain/Töteberg (Section B below)).

Wallraff, Günter, and Jens Hagen, *Was wollt ihr denn, ihr lebt ja noch*, Hamburg, 1973.
– and Bernt Engelmann, *Ihr da oben – wir da unten*, Cologne, 1975.
Wallraff, Günter, *Befehlsverweigerung. Die Bundeswehr- und Industriereportagen*, Cologne, 1984 (KiWi 66).
– *Bericht vom Mittelpunkt der Welt. Die Reportagen*, Cologne, 1984 (KiWi 67).
– *Der Aufmacher. Der Mann, der bei BILD Hans Esser war*, Cologne, 1982 (KiWi 2).
– *Zeugen der Anklage. Die 'Bild'-Beschreibung wird fortgesetzt*, Cologne, 1982 (KiWi 17).
– *Bild-Störung. Ein Handbuch*, Cologne, 1985 (KiWi 77).
– *Günter Wallraffs BILDerbuch*, Göttingen, 1985.
– *Ganz unten. Mit einer Dokumentation der Folgen*, Cologne, 1988 (KiWi 176).
– *Ganz unten*, edited by Arthur Nockels, London, 1987. Methuen's Twentieth-Century Texts edition with an informative introduction.
– *Vom Ende der Eiszeit und wie man Feuer macht. Aufsätze, Kritiken, Reden*, Cologne, 1987 (KiWi 142).

B Works on Wallraff

(Most that has been written on Wallraff has appeared in the form of articles and reviews in newspapers and magazines; there is a lengthy list of these in Romain/Töteberg, and an excellent selection of them in Lindner.)

Bessermann, Hans, *Der Fall Günter Wallraff*, Mainz, 1979. Informative, but aggressively critical polemic against Wallraff. ('Hans Bessermann' is a pseudonym — clearly echoing 'Hans Esser' — for the 'kleine Arbeitsgemeinschaft' who researched this book.)

Durzak, Manfred, 'Literatur der Arbeitswelt in der Bundesrepublik Deutschland', in Manfred Durzak (ed.), *Deutsche Gegenwartsliteratur. Ausgangspositionen und aktuelle Entwicklungen*, Stuttgart, 1981, 314–35.

Hahn, Ulla, und Michael Töteberg, *Günter Wallraff*, Munich, 1979. Perceptive and informative general introduction, but now inevitably dated.

Lindner, Christian (ed.), *In Sachen Wallraff. Von den Industriereportagen bis Ganz unten. Berichte, Analysen, Meinungen und Dokumente*, Cologne, 1986 (KiWi 104). Invaluable collection of documents on and by Wallraff.

Romain, Lothar, and Michael Töteberg, 'Günter Wallraff', in Heinz Ludwig Arnold (ed.), *Kritisches Lexikon zur deutschsprachigen Gegenwartsliteratur*, Munich, 1978. The '*KLG*' appears in loose-leaf format and is periodically updated; at the moment of writing, the Wallraff entry was last updated in January 1987.

C Works on the Axel Springer Verlag and the West German Press

Bechmann, Reinhard, *et al.*, *BILD — Ideologie als Ware. Inhaltsanalyse der BILD-Zeitung*, Hamburg, 1979. Informative and perceptive analysis from a Marxist position.

Berger, F., *et al.* (eds.), *Wenn BILD lügt — kämpft dagegen. Neue Untersuchungen, Fallbeispiele und Gegenaktionen*, Essen, 1983. Further demolitions of *BILD* stories in the manner of *Zeugen der Anklage* and *Bild-Störung*. With a foreword by Wallraff.

Böll, Heinrich, *Die verlorene Ehre der Katharina Blum*, Cologne, 1974. Fiction — but only just: Wallraff's investigations were to show just how close Böll's bestseller was to the reality of the *BILD-Zeitung*. An equally successful film version of the book was made the following year by Volker Schlöndorff and Margarethe von Trotta.

— *Die verlorene Ehre der Katharina Blum*, edited by Ulrike Hanna Meinhof and Ruth Rach, London, 1980. Text with introduction and notes in the Harrap Modern World Literature Series.

— *Bild-Bonn-Boenisch*, Bornheim-Merten, 1984. Critical investigation of the writings of former *BILD* and *BILD am Sonntag* editor Peter Boenisch who became Official Spokesman for the Kohl Government.

Grützbach, Frank (ed.), *Heinrich Böll: Freies Geleit für Ulrike Meinhof. Ein Artikel und seine Folgen*, Cologne, 1972. Documentation of Böll's response to *BILD*'s reporting of a presumed terrorist incident, and of the response to Böll's response.

Hestermann, Ottheinrich, *Presse und Pressewesen. Arbeitstexte für den Unterricht*, Stuttgart, 1978. Useful collection of some forty brief texts in the Reclam series.

Maaßen, Ludwig, *Die Zeitung. Daten – Deutungen – Porträts*, Heidelberg, 1986. Concise introduction to the West German newspaper scene.

Meyn, Hermann, *Massenmedien in der Bundesrepublik Deutschland*, West Berlin, 1985. General survey of all important aspects of the press and broadcasting. (Referred to in this volume as 'Meyn 1'.)

– *Massenmedien 1*, Bonn, 1985. Very useful introductory survey. This is No. 208 in the series 'Informationen zur politischen Bildung', which may be obtained through the Bundeszentrale für politische Bildung, Berliner Freiheit 7, 5300 Bonn. (Referred to in this volume as 'Meyn 2'.)

Müller, Hans Dieter, *Der Springer-Konzern. Eine kritische Studie*, Munich, 1968. Inevitably now out-of-date, but still the best general study: detailed and extremely informative.

– *Press Power. A Study of Axel Springer*, London, 1969. Abridged translation of the above.

Payne, Philip, *Zeitungen in der Bundesrepublik Deutschland. Eine Einführung mit Unterrichtsmaterialien*, Lancaster, 1988. Aimed at the sixth-form and higher education student; many practical ideas for working with German newspapers.

Presserecht. Pressegesetze der Länder und andere presserechtliche Vorschriften, Munich, 1976. Contains all relevant laws.

Sandford, John, *The Mass Media of the German-Speaking Countries*, London, 1976. Includes a detailed survey of the West German press.

Staeck, Klaus, *Die Leiden des Axel Cäsar Springer*, Göttingen, 1981. Primarily a critical anthology of quotations from Springer with a few other anti-Springer documents.

Thomas, Michael Wolf (ed.), *Porträts der deutschen Presse. Politik und Profit*, West Berlin, 1980. Contains a chapter on *BILD* by Dieter Brumm.

149

Vocabulary

Vocabulary and expressions mentioned in the Notes are not included, nor are most words that may readily be found in standard dictionaries. Translations refer only to the usage of the words in this edition, and do not necessarily indicate wider or alternative meanings. Vowel changes in irregular verbs are indicated for the present and imperfect tenses and for the past participle in that order, but are not written out in full. Separable verbs are indicated by a stop inserted at the end of the separable prefix.

Abbreviations

abbr:	abbreviation for	leg:	legal terminology
coll:	colloquial	n:	neuter
dat:	dative	newsp:	newspaper terminology
dial:	dialect	pl:	plural
etw:	etwas	s.o.:	someone
f:	feminine	s.t.:	something
gen:	genitive	usu:	usually
jmdm:	jemandem		

ab.blocken (coll) to cut short, silence
ab.gucken to pick up (a habit)
sich **ab.melden** to sign off
sich **ab.gewöhnen** to give up (a habit)
ab.rufen, u, ie, u to retrieve (data)
der **Absahner** profit-taker
ab.wimmeln to fob off
ab.ziehen, ie, .zog, .gezogen (coll) to put on (a performance)
der **Ahorn** maple
aktualisieren to update
der **Ami** (coll) Yank
die **Amtsanmaßung** fraudulent impersonation of a public official
die **Amtsbezeichnung** official title

die **Amtsperson** official
amusisch uncultured
der **Analphabet** illiterate, (coll) ignoramus
der **Andruck** (newsp) proof, first printing
an.fallen, ä, ie, a to come to hand, accrue
anfechtbar controversial
angestaut pent-up
das **Anheimelnde** homely atmosphere
die **Anklage** accusation **Zeugen der Anklage** witnesses for the prosecution
an.kommen, o, a, o (coll) to go down well
an.ordnen to order
anreißerisch attention-grabbing

an.ritzen to scratch
der Anschiß (coll) bollocking, telling off
an.schnauzen (coll) to browbeat, snap at
an.setzen to add
der Anstellungsbetrug obtaining employment by deceitful means
anwaltlich of a lawyer, legal
die Aquaristik aquarium-keeping
der Arbeitstitel provisional title
der Artfremde member of a different species
der Artgenosse member of the same species
die Assistentin (assistant) lecturer
die Attitüde posture
auf.binden, i, a, u (coll, **jmdm etw**) to land (s.o. with s.t.)
auf.decken to reveal
die Auferstehung resurrection
aufgeräumt light-hearted
aufgesetzt affected, unnatural
die Aufklärung enlightenment, education
die Auflagenzahl circulation figure(s)
auf.legen to hang up (the telephone)
der Aufmacher (newsp) headline, main story, lead
es auf.nehmen, i, a, o (**mit jmdm**) to be a match (for s.o.)
auf.tauen to thaw out
auftragsgemäß as instructed
aus.beuten to exploit
die Ausfallerscheinung sign of distress
ausfindig machen to come up with, locate
ausgefuchst (coll) artful, wily
ausharren to wait, stand by
sich aus.leben to know no bounds, live it up
aus.merzen to eliminate, wipe out
aus.reden (+ dat) to talk (s.o.) out of

aus.schlachten to exploit
die Ausschüttung distribution (of money)
sich aus.setzen to expose oneself (to s.t.)
die Außenredaktion (newsp) local editorial office, branch office
aus.tüfteln to think up, work out
aus.zahlen to pay off, buy out

der Bammel (coll) nerves, apprehension
der Bandscheibenschaden damaged disc, slipped disc
bedürfen, bedarf, bedurfte, bedurft (+ gen) to have need of
der Bassin pond
ein Bein stellen (jmdm) to trip (s.o.) up
die Belletristik fiction, 'belles lettres'
die Benommenheit dazed state
die Berichterstattung reporting
die Berufsethik professional ethics
das Berufsverbot ban on employment (in the civil service for political reasons)
der Beschaffer supplier
bescheren to present, bless with
die Beschwörungsformel incantation
die Besinnlichkeit quiet relaxation, contemplation
bezichtigen (+ gen) to accuse (of)
die Bildstörung interference (of television picture)
das Blatt (newsp) (news)paper
sich blind.sehen, ie, a, e (an etw) to allow oneself to be blinded (by s.t.)
das Blitzlicht (photographic) flash
blutrünstig bloodthirsty
der Bohnerzstein pea-ore rock
bohren to pester
der Bohrturm drilling tower, drilling platform

das **Branchenregister** classified
directory, trade directory
brandmarken to brand
der **Briefbeschwerer** letter-weight
brisant sensational, explosive
der **Bund** (newsp) national edition
die **Bundesausgabe** (newsp) national
edition
der **Bundesbürger** West German
die **Bundesliga** (West German)
football league
das **Bundesverfassungsgericht**
Federal Constitutional Court
(West German Supreme
Court)
die **Bundeswehr** (West German)
armed forces, army
die **Bürgerinitiative** citizens'
initiative, grass-roots
campaign

ca. (abbr) **circa** about, approx.
das **Chefdomizil** boss's quarters
die **Couleur** shade

dabei.bleiben, ei, ie, ie to stick
to one's guns
dafür and at the same time
auf **Dauer** permanently
denunzieren to denounce
dezent discreet
der **DFB** (abbr) **Deutscher
Fußballbund** German
Football Federation
diffamieren to denigrate
Drahthaar- wire-haired (dog)
drauf.schlagen, ä, u, a (coll) to
wade in
der **Dreh** (coll) twist, touch
die **Drillinge** (pl) triplets
das **Druckhaus** (newsp) printing
plant
dufte (coll) smashing, great
dunkelhäutig dark-skinned
die **Durchblutungsstörung**
circulation problem
die **Durchsetzungskraft** forceful-
ness, power to achieve one's
goals

durchtelefonieren (bei jmdm) to
get on to (s.o. on the
telephone)

ein.weihen to let in on a secret
ein.gehen auf, e, .ging, .gegangen
to take up, look into
eingehend detailed, in-depth
die **Eingeweide** (n pl) bowels
einschlägig relevant
sich **ein.schleichen, ei, i, i** to
infiltrate onself
einschneidend (of) fundamental
(importance)
das **Einstellungsgespräch** interview
on starting a job
der **Elektroherd** electric cooker
entbinden (i, a, u) to deliver (a
baby)
die **Enteignung** expropriation
entgegen.schnellen (jmdm) to
thrust in front of (s.o.)
die **Enthüllung** revelation
entstellen to spoil
entwürdigend degrading
das **Erbarmungswürdige** the pitiable
erdteilmäßig (continent) by
continent
die **Erfindung** fabrication, invention
die **Erhebung** uplift
das **Erholungsgebiet** recreation area
der **Erkennungsdienst** police records
department
die **Erkundigung** investigation
der **Erlaß** decree
erprobt reliable
die **Ersatzbefriedigung** substitute
satisfaction
erst recht nicht let alone, not to
mention
ersteigern to get at an auction
ertappen to catch
euphorisiert in a state of
euphoria
evangelisch Protestant

die **Fährte** scent, trail
fälschen to forge
die **Fälschung** forgery

der Fehlalarm false alarm
die Fehlentwicklung aberrant development, distortion
die Felsspalte (rock) crevice
der/die Feste permanent employee, member of the permanent staff
fettgedruckt in bold print
die Fingerkuppe finger-tip
fingiert bogus
firmieren to trade (under a particular name)
die Fischbörse fish auction
der Fischkram (coll) fish stuff
die Floskel mannerism (way of speaking)
formlos casual
der/die Freie freelance
der Freigänger someone let out
die Fresse (coll) mug, face
die Fürsorge care and attention

die Gänsefüßchen (n pl) (coll) inverted commas
ganzseitig (newsp) taking up a whole page
das Garniermädchen pin-up
der Gebrauchsgegenstand utensil
das Gedächtnisprotokoll written account based on memory
der Gefechtsstand battle head-quarters, command post
gefeit (gegen) proof (against), immune (from)
geknickt (coll) dejected
der Geigenbauer violin-maker
der Geiselnehmer hostage-taker, kidnapper
gepfeffert (coll) stingeing, steep
genial inspired
geschmeidig lissom, supple
gestehen (e, gestand, gestanden): to confess
die Gesteinsprobe (examination of a) rock sample
gestelzt stilted
das Glaubwürdigkeitsproblem problem of credibility
gleich.richten to straighten

die Gnadenfrist period of grace
großbürgerlich upper middle-class
die Großfahndung wide-scale search
das Großraumbüro open-plan office
das Grundgesetz, West German constitution
gruselig gruesome
das Gruseln the shivers, the creeps
jmdm das Gruseln lehren to give s.o. the shivers
der Gupy (usu **Guppy**) guppy (fish)

der Halbschnabelhecht halfbeak (fish)
der Halter keeper
die Haltung keeping (pets)
der Haudegen (old) war-horse
die Hausbesetzung occupation, squat
hauseigen internal (of an organisation)
die Hebamme midwife
der Heilpraktiker healer
hell.sehen, i, a, e to be a clairvoyant
die Hemmung inhibition
heraus.meißeln to chisel out
heraus.stellen to emphasise
her.fallen, ä, ie, a (über etw) to attack
herum.kratzen to scrabble around
das Herzversagen heart-failure
heuchlerisch hypocritical
das Hilfeersuchen request for help
der/die Hilfswillige toady
sich hinweg.setzen (über etwas) to disregard, blindly ignore
hinzu.dichten to (make up and) add
hochdotiert highly paid
sich hoch.ziehen, ie, .zog, .gezogen (an etw) (coll) to get a kick (out of s.t.)
höflichkeitshalber out of politeness
der Hofschreiber (royal) household scribe

höher.putschen (coll) to whip up further

der Höhlenforscher speleologist, potholer

das Honorar royalties

die Honorarkarte royalty statement, pay slip

der Hörer (telephone) receiver

die Illustrierte (newsp) magazine

das Imperium empire

der Informant informer, source

die Intensivstation intensive-care unit

irre (coll) great

die Jacketkrone jacket crown (on teeth)

die Jauche liquid manure, sewage

juristisch legal

der Juso (abbr) **Jungsozialist** Young Socialist

der Kälteeinbruch cold snap, sudden arrival of cold weather

kapieren (coll) to twig, cotton on

kaltschnäuzig callous, heartless

der/die Kaufwillige prospective purchaser

der Kettenhund guard dog, watchdog

das KFZ (abbr) **Kraftfahrzeug** (motor) vehicle, car

klammheimlich when nobody is looking, on the quiet

der Klaps slap

klasse (coll) great

die Klatschkolumne (newsp) gossip column

der Kleingarten allotment

der Kleinzeichner small subscriber

knacken to break

knackig (coll) lovely and

knallen to slam

der Knast (coll) clink, jail

der Köder bait

die Komplizenschaft (sense of) complicity (in a crime)

der Kostenpunkt expense involved

das Kräftespiel interplay of forces

krank.machen (coll) to be off (work) sick

der Kreislauf circulation

der Kriegsdienstverweigerer conscientious objector

die Kripo (abbr) **Kriminalpolizei** detective squad, CID

der Krisenstab crisis committee

der Kübel bucket

der Kunde (coll) character, customer

die Kurznachrichten (f pl, newsp) news summary, short news items

langbehaart long-haired

die Laudatio speech in praise of someone, eulogy

lebend gebärend live-bearing

das Leichenschauhaus mortuary

der Leim glue **auf den Leim locken** (coll) to take in

leimen (coll) to take for a ride

die Leitung (telephone) line

liften to give a face-lift

locker.machen (coll) to get someone to shell out

los.legen to let rip

los.werden, i, u, o to be rid of

los.ziehen, ie, .zog, .gezogen (coll) to scarper, clear off

die Machenschaften (f pl) machinations, dirty deeds

der Marmor marble

die Maschine (aero-)plane

das Maschinengewehr machine gun

das Massenblatt mass-circulation paper, 'rag'

maßregeln to reprimand

maulen (coll) to moan

melken, e, melkte, o to milk

mickrig (coll) puny, pathetic

die Mieze (coll) bird (i.e. woman)

der Ministerialrat assistant secretary (senior civil service post)

mitbestimmen to have a say in the running of

mitleidheischend piteous
mit.mischen (coll) to join in
die Mittlere Reife school-leaving
qualification (roughly
equivalent to GCSE)
mulmig (coll) queasy

nach.bohren (coll) to prod, to
keep on at s.o.
der Nachrichtenführer (newsp) news
editor
der Nachrichtenträger news medium
die Nahtstelle meeting point
(between two things)
der Nebensatz subordinate clause,
incidental remark
nerven (coll) to irritate
neuverfaßt rewritten, revised
niederträchtig nasty, despicable
das Niederwild small game

die Oberliga (football) league
division one

parat handy, ready
das Pärchen couple (diminutive of
'das Paar')
penibel scrupulous, meticulous
die Pflegefamilie foster family
die Pirsch stalking, hunting
planmäßig systematic
die Planstelle permanent post
platzen to fall through
der Po (coll) bum, bottom
polieren to polish
PR (abbr) **Public-Relations**
public relations
prägnant snappy, to the point
die Prägung influence (on someone's personality)
die Präjudiz (leg) precedent
prämiiert prize-winning
die Programmzeitschrift (newsp)
listings journal, radio and tv
weekly
das Protokoll account, record,
transcript
das Publikationsmittel organ,
journal

der Purpurbarsch cherrybelly cichlid
(fish)

quicklebendig lively, full of
beans

raffgierig rapacious, greedy
rangieren to rank, rate
rasiermesserscharf razor-scharp
der Rassehund pedigree dog
der Raubfisch predatory fish
das Raucherbein smoker's leg,
gangrenous condition caused
by excessive smoking
das Rauschgiftdezernat drug squad
es raushaben (coll) to get the hang
of
die Razzia (police) raid
die Redaktion (newsp) editorial
staff, office
der Redaktionsleiter (newsp)
(managing) editor
der Redaktionsschluß (newsp)
(time of) going to press
redigieren (newsp) to edit
das Ressort (newsp) desk, editorial
department
die Retortenstadt test-tube city
das Revier shoot, hunting ground
roboterhaft robot-like
routiniert hard-bitten
die Rubrik heading, section
die Rücklage reserves (of money),
something to fall back on
die Rückfrage query
ruckzuck (coll) in a flash, in no
time
sich **rum.drücken** (coll) to hang
around
rum.reichen (coll) to hand round

der Sachverhalt state of affairs,
situation
die Sanella (trade name of a brand
of) margarine
der Sauerstoff oxygen
die Schadensersatzforderung claim
for compensation
der Scharfrichter executioner

schassen (coll) to chuck out,
give the sack
der Schauder shiver down the spine
die Schaufenstergarnitur shop-
window display
der Schaum foam **Schaum vorm
Mund** foaming at the mouth
die Schicht level, (social) class
die Schickeria (coll) the smart set
schießwütig trigger-happy
die Schikane harassment, dirty
trick, messing (s.b.) about
der Schinken tome, big old book
der Schlepper (coll) tout, promoter
der Schlich ruse, trick; **jemandem
auf die Schliche kommen** to
suss out, to uncover the truth
about someone
schlüpfen to slip
schlurfen to shuffle
der Schlüsselroman 'roman à clef'
die Schmerzensgeldforderung claim
for damages
der Schokoladengurami chocolate
gourami, Malayan airshipfish
der Schrotthändler scrap-metal
dealer
der Schuttabladeplatz dumping
ground, tip
schütter thin (hair)
die Schutzbezeichnung cover (name)
der/die Schwerkriegsbeschädigte
person seriously disabled in
the war
der Seitenaufmacher (newsp) main
headline on a page
der Selbstmord suicide
sensationsgierig sensation-
seeking
das Sendungsbewußtsein sense of
mission
der Sicherheitsabstand placing of
the safety barriers
das Sonderkommando special unit
spendenfreudig generous (in
giving donations)
die Spielart variant
Spitze (coll) great
das Spökes (dial) hocus-pocus

das Sprachrohr mouthpiece, spokes-
person, voice
die Sprechmuschel (telephone)
mouthpiece
der Spürsinn feel (for things)
der Staatsanwalt public prosecutor
der Statthalter governor, lord
lieutenant
im Stich lassen, ä, ie, a to abandon
stillschweigend tacit
das Strafgesetzbuch penal code
die Straßenräumung clearing a
street (of demonstrators)
die Studentenbewegung student
movement (especially that of
the late 1960s)
die Studentengemeinde student
religious organisation
das Studium (university) studies,
course
der Stürmer storm-trooper (title of
notorious anti-semitic Nazi
publication)
die Suchthaltung addictive
behaviour
der Süßwasserfisch fresh-water fish

die Tageslosung watchword for the
day
der Totaleinsatz total commitment
sich trauen to dare
der Tropfstein dripstone, stalactite,
stalagmite

überlaufen overrun, packed out
überparteilich independent,
politically unaffiliated
der Überrumpelungsversuch attempt
to catch s.o. out
die Überwachung surveillance
überziehen, ie, .zog, .zogen
to exaggerate
der Umgangston the normal way of
communicating with each
other
um.schwenken to change one's
mind
unauffindbar untraceable
unerwünscht unwelcome

unheimlich uneasy
unmündig powerless, in a state of subservience
der **Unruhestifter** trouble-maker
das **Unterbewußtsein** subconscious
die **Unterlagen** (f pl) documentation (certificates, references, etc.)
die **Unterlassungsverfügung** injunction
unterlaufen, äu, ie, au to subvert
die **Unternehmerhuldigung** tribute to entrepreneurs
unterschlagen, ä, u, a to withold, suppress
der **Untersuchungsausschuß** committee of inquiry
unverzichtbar indispensable

verabscheuen to detest, abhor
sich **verbeißen, ei, i, i** to take a bite
verblödeln to turn into something stupid
verbrühen to scald
die **Verdrehung** distortion, perversion of the truth
der **Vereinsvorsitzende** club chairman
die **Vergewaltigung** rape
die **Verhetzung** incitement (to violence etc)
verklärt transfigured, enraptured
verkleiden to disguise
der **Verlag** publishing company, publishers
verlagern to transfer
die **Verleumdung** slander, libel
verschandeln to ruin
verschieben, ie, o, o to put off, postpone
verschleppen to abduct
verschnitten slashed, cut wrongly
verschreckt startled
versetzen to give (e.g. a shock)
versonnen pensive
versteigern to auction (off)
versteinert fossilised
verstoßen, ö, ie, o (gegen) to offend (against), infringe

der **Vertrieb** distribution (department), sales
verurteilen to condemn
verwegen daring
verwendungsunfähig unusable, unfit for service (in the army)
verzichten (auf + acc) to forgo, do without
die **Visage** (coll) mug, face
das **Volksblatt** popular paper, newspaper for the people
voraus.sehen, ie, a, e to predict
die **Vorbemerkung** foreword
vor.flunkern (+ dat) (coll) to feed (s.o. a line, a false story)
die **Vorgaben** (f pl) clues, hard facts
sich **vor.knöpfen** (coll) to buttonhole
vor.sprechen, i, a, o (bei jmdm) to call (on s.o.), look (s.o.) up
vor.täuschen (jmdm) to pretend (to s.o.)
vorwurfsvoll reproachful

der **Walfisch** whale
das **Wappentier** heraldic animal, animal on a logo
das **Warenhaus** (department) store
der **Warmblüter** warm-blooded animal
wehrlos defenceless, helpless
der **Werdegang** career so far
die **Wertanlage** investment
die **Wertskala** scale of values
der **Wesenszug** (distinctive) characteristic
der **Widerruf** denial; **auf Widerruf** until cancelled
die **Wildbahn** hunting ground; **in freier Wildbahn** in the wild
die **Würde** dignity

die **Zentrale** head office
zermantschen to squash, crush
zerrinnen, i, a, o to dissolve, evaporate
nach sich ziehen, ie, -zog, -zogen to result in

der Zierfisch ornamental fish
das Zipperlein gout
das Zuhause somewhere to live
   zünftig (coll) decent, really good
   zurecht.drehen to twist (into
     shape)

zurecht.weisen, ei, ie, ie to
   rebuke, reprimand
zusammen.schnorren to
   scrounge together
zwicken to nip, pinch